KB253266

25·35 꼼꼼여성 재테크

정원훈 지음

가림출판사

2030, 3040이라는 말이 유행입니다. 예를 들어 2030 재테크는 20대와 30대의 연령대별 재테크 방법을 제시하는 것이죠. 하지만, 대학에 재학 중인 20세와 직장 생활을 시작한 25세의 모습은 큰 차이가 있으며, 30세와 35세는 결혼이라는 갈림길의 선택에 따라 매우 다른 삶의 모습으로 살아가게 됩니다.

2030 재테크가 연령대별 재테크 방법을 제시하는 것이라면, '2535'라는 말에는 연령대의 구분보다는 재정 로드맵 상에서 큰 변화가 오는 시기, 즉 "계기"라는 의미가 숨어있는 것입니다.

단순한 숫자의 표현이지만, 직장을 새롭게 잡아 적응하고, 새로운 재테크 계획을 세우는 시기인 25라는 계기, 미혼이나 신혼 때 세우고 실천했던 재테크 계획을 아이 때문에 재수정해야 하는 시기인 35라는 계기는 연령대별 접근이 아닌 계기 즉 변화의 시기라는 점에서 숫자가 갖는 대표성을 포함하여 '2535 재테크'가 나름대로의 의미를 부여할 수 있을 것입니다.

그렇다면, 꼼꼼함과 소심함은 어떻게 다를까요?

한글학회의 우리말큰사전을 보면, '꼼꼼하다'의 의미는 "매우 찬찬하고 자세하다"는 뜻입니다. 흔히 '꼼꼼하다'와 비슷하다고 여겨지는 '소심하다'는 "조심성이 많다. 담이 작고 겁이 많다"라고 나와있습니다. 소심함과 꼼꼼함의 큰 차이는 바로 실행력 측면이라 할 수 있습니다. 꼼꼼하게 계획을 세우고, 적극적으로 실천한다면, 각자 원하는 목표를 꼭 이룰 수 있을 것입니다.

본 책의 제목인 "2535 꼼꼼 여성 재테크"는 이러한 의미를 담아 보았습니다.

변화의 계기가 되는 대표적 숫자를 뽑고, 이러한 변화를 겪게 되는 시기에 필요한 재테크 원칙들을 정리하고, 실제 고객과 상담한 사례를 통해서 '타산지석'의 효과를 거둘 수 있게 하였습니다. 25세와 35세 사이 연령대에 맞는 재테크가 아니라, 그 나이가 아니어도 누구나 맞게 되는 변화의 시기에 대응하는 실천적 방법들을 단계별로 제시한 것입니다.

이제 책에 대해 잠시 살펴보겠습니다.

1장에서는 부자 신드롬에 대한 단상, 왜 여성이 재테크에 나서야 하고, 남성보다 여성이 재테크에 우월한 이유를 언급하였습니다.

2장에서는 재테크를 시작할 때 꼭 짚고 넘어가야 할 목표의 시각화, 지피지기를 위한 재정분석, 재테크 트렌드 파악, 인터넷 및 신문을 통한 재테크 지식 학습법 등을 살펴봅니다.

3장에서는 금융상품의 활용원칙부터 눈 뭉치 만들기, 눈덩이 만들기의 요령과 필수적인 금융상품들의 지식에 대해 배웁니다.

4장에서는 타산지석의 시간으로, 3장의 지식들을 실제 상담사례를 통해 적용하여 재테크 지식을 실전에 활용할 수 있는 방안을 모색하고자 합니다. 각 상담사례에 등장하는 상품 및 조언들은 시간이 지남에 따라 변화가 있을 수 있지만, 최소한의 수정만 하여서 현장감을 느끼게 하였습니다. 또한 정리 차원에서 3장에서 언급했던 원칙들을 그대로 적용하여 반복훈련의 효과를 거둘 수 있게 하였습니다.

5장에서는 결론으로, 여성이 재테크를 해야 하는 이유를 언급하며 마무리하였습니다.

2002년 '단계별로 살펴보는 부자엄마 되는 길'과 '어느 기러기 아빠의 죽음'이라는 칼럼을 쓰고, 라디오와 TV출연, 사보 칼럼 등 약간의 유명세를 탈 때 책 출판의 제안을 받았는데, 5년이 지난 이제야 제 이름으로 책을 출판하게 되었습니다. 그 당시 몇 개의 칼럼으로 주목을 받을 수 있었던 것은 그 당시 '부자아빠'가 화제가 되었을 때, 약간은 다른 시각에서 보는 '부자엄마'를 꺼냈기 때문이라고 생각합니다.

재테크가 이렇게 선풍적인 관심을 끄는 것은 그만큼 이 세상을 헤쳐나가기 어려워졌기 때문입니다. 재테크에 관한 책이 꾸준히 사랑을 받는 이유도 이 때문이라 생각됩니다. 많은 재테크 책이 나와있지만, 저 또한 이 책을 내는 이유는 저의 노하우와 중간중간 녹아있는 남다른 시각이 여러분에게 도움이 될 거라 생각했기 때문입니다. 참으로 많은 우여곡절을 거쳐서 출판되었지만 많은 분들의 사랑을 받고 싶은 소망을 담아봅니다.

이 책을 마무리하면서, 저에게 도움을 주셨던 모든 분들에게 감사의 말씀을 드립니다.

먼저 대학원 은사님인 김철중 교수님, 칼럼 등 재테크에 대한 남

다른 시각과 지식을 주셨던 아이해피아이의 홍성민 대표님, 부족
한 저를 항상 애정 어린 조언과 채찍질을 해주시고 계시는 매경인
터넷의 권주영 부장님께 감사를 드립니다.

또한 지난 3년 간의 소중한 추억과 캐리커처를 만들어 주고 미국
에 간 승호와 지금도 정신적 버팀목이 되어주고 있는 영호 형께 감
사의 마음을 전합니다.

한없는 사랑을 쏟아주시고 계시는 아버님 그리고, 어머님! 지금
은 하늘에 계신 장인어른, 부족한 사위에게 변함없는 사랑을 주시
는 장모님, 사랑하는 아내 김소연과 소중하고 사랑스런 아들 주형
이에게 이 책을 바칩니다.

2007년 6월   정 원훈

차례

01 PART

재테크?
시작이
반이라면서?

'재테크'는 도대체 무엇일까?
모든 사람이 관심을 갖는 재테크!
그 내용을 알기 전에 먼저 스스로에게 물어보자!

01 부자 신드롬과 재테크

요즘 '부자'라는 말이 유행이다. '부자아빠', '부자엄마' 심지어는 '10대 부자'까지 심심찮게 부자라는 말을 듣게 된다. 자신을 돌아보게 만드는 이런 부자 신드롬이 아니더라도 사람들의 입에 오르내리는 '재테크'는 도대체 무엇일까? 모든 사람이 관심을 갖는 재테크! 그 내용을 알기 전에 먼저 스스로에게 물어보자!

나는 지금 부자인가?

토마스 J. 스탠리와 윌리엄 D. 덴코는 그들의 저서 『이웃집 백만장자』에서 부자지수를 알아보는 나이의 법칙을 설명했다.

부자지수를 알아보는 나이의 법칙

ⓑ가 ⓒ보다 2배 이상 많으면 부자이고 절반에도 미치지 못하면 미래가 심각하다고 말한다. 예를 들어 31세 여성 직장인의 경우를 설명해보자.

나는 부자인가?

나이의 법칙에 따르면 이 여성은 부자가 아니다. 순자산 8,500만 원은 부자지수 약 2억 원에 턱없이 모자라기 때문이다. 이 여성이 부자가 되려면 소득보다는 순자산이 늘어야 한다. 순자산은 소득에만 의지하면 늘어나지 않는다. 소득의 일부를 저축하고 그것을 모아 투자를 하면서 자산을 불려나가야 한다. 재테크는 바로 자산을 불려가는 과정을 말한다.

재테크를 논하기 전에 먼저 돈에 대한 생각을 직접 정리해보자.

'돈은 있으면 좋고, 없으면 말고'라는 생각을 갖고 있는 사람도 속으로는 로또 당첨과 같은 대박이나 횡재를 꿈꾸는지도 모른다. 돈에 대한 나만의 철학을 정립한다는 것은 물질우선주의를 말하자는 것이 아니다. 돈을 어떻게 통제하며, 어떻게 불리고, 어떻게 사용할 것인가에 대한 자신의 철학을 정립하는 것이다. 그것이 바로 재테크의 기본바탕이 된다. 그리고 성공한 사람들을 벤치마킹하자.

성공한 사람들을 따라 하면 결국 나 자신도 똑같이 성공을 이룰 수 있다. 남을 따라 하는 것이 싫다면 자기에게 맞는 나만의 방식을 개발하는 것도 물론 좋은 일이지만, 이미 검증된 방법을 따르는 것도 나쁘지 않다. 이도 저도 하지 않으면 아무것도 이루어지지 않는다.

〈월스트리트저널(WSJ)〉은 2006년 재테크를 위한 7계명을 발표하였다.

제1계명_ 방법을 고쳐라

새해에 실천하고자 마음먹은 최우선 재테크 과제 5가지를 골라 늘 보이는 곳에 붙여라. 작심삼일이 되지 않도록 늘 상기하라는 말이다.

제2계명_ 스스로 저축하라

고정연금 수혜대상이 아니라면 은퇴 후 필요한 노후자금을 계산한 다음 '2007년 저축 목표액'을 쪽지에 적어 냉장고에 붙여라. 미래를 준비해야 한다는 현실적 필요성을 자각하고 저축의 목표를 세우라는 말이다.

제3계명_ 실수를 인정하라

재테크 과정에서 자신이 저지른 가장 어리석은 실수 5가지를 쪽지에 적어 냉장고에 붙여라. 실수는 병가지상사지만 반복하지 말라는 말이다.

제4계명_ 미래를 예측하라

주가지수나 금 시세, 원유 선물가격 등 핵심 시장지표의 일일동향과 향후 12개월 뒤 전망치에 대한 자신의 예상을 기록하라. 또 현재 투자를 하고 있다면 어디에 투자한 자금이 2007년에 최상의 실적을 낼 것인가, 어디에서 최악의 실적이 나올 것인가 스스로 예측해 냉장고에 써 붙여라. 스스로 재테크의 주인공이 되라는 말이다.

제5계명_ 비교할 기준을 세워라

돈을 수시로 넣었다 뺐다 하다 보면 투자 포트폴리오의 실체를 확인하기 어렵다. 자신이 보유한 주식이나 펀드 목록을 비교지수와 함께 냉장고 문에 써 붙여라. 시장변화에 적응하라는 말이다.

제6계명_ 무리하지 마라

투자는 적게 할수록 좋으니 신규투자를 3가지로 제한하라. 신규

투자를 할 때마다 얼마를, 어디에 투자했는지 냉장고 문에 써 붙여라. 투자선택을 신중히 하라는 말이다.

제7계명_ 실행목표를 정하라

주식이나 해외주식, 채권, 펀드 등 어디에 얼마를 할당해 놓았는지 꼼꼼히 기록하라. 투자대상을 디테일하게 알게 된다. 투자 포트폴리오를 스스로 만들어 늘 점검하면 리스크를 낮추면서 고수익을 올릴 수 있다.

말하자면 특별히 새로울 것도 없다는 얘기다. 그런데 실천하기가 쉽지 않다. 왜 그럴까? 그것은 재테크가 어렵게 느껴지고 가깝게 와 닿지 않기 때문일 것이다. 마치 펀드매니저가 되라는 말처럼 들리기도 하고 또 그렇게까지 해야 하는 걸까 싶어 포기하게 되는 것도 무리가 아니다.

02 재테크는 투자를 뜻하는 말이 아니다

요즘 사람들은 왜 재테크에 매달릴까?

그 이유는 1년 사이에도 아파트값이 몇 억씩 오르고, 월급만 모아선 주택마련은커녕 아이들 교육비도 모자랄 것 같기 때문이다. 경제성장률은 늘 제자리걸음 아니면 뒷걸음질을 하고 있는 데다 기업의 구조조정으로 노후에 대한 불안이 높아만 가고 있다. 그러다 보니 부동산과 주식에 투자하겠다는 사람도 많아지고 재테크를 통해 고수익을 올린 사람을 주변에서 쉽게 만날 수 있게 되었다. 이제 너도나도 '재테크'에 '올인' 하고 있는 것이다.

재테크! 도대체 어떻게 해야 하는 것일까?

일반적으로 우리가 재테크라 하면, 투자 중심으로만 생각하는 경향이 있는데 재테크란 한마디로 자산관리, 자산운용을 뜻하는 말이다. 자산관리 측면에서 보면 투자보다는 '어떻게 소비하느냐'가 더욱 중요해진다. '소비는 미덕'이라지만 재테크의 입장에서 보면 투자보다는 소비절제가 더욱 쉽고 간단한 일이다. 많은 고객들과 상담을 하다 보면, 앞에서 투자하고 뒤에서 소비하는 경우를 많이 보게 된다. 투자는 미래를 위해 하는 것이지 오늘 당장 쓰기 위해 하는 것이 아니다. 먼저 소비를 줄이는 방법부터 연구하는 것이 좋다. 소비를 줄여 축적된 쌈짓돈을 종자로 삼아 재테크를 할 수도 있다. 꼼꼼한 여성이 여왕처럼 살 수 있는 첫걸음은 투자가 아니라 현재의 소비를 줄이는 것이다.

지금 지갑을 열어보라! 신용카드가 몇 장이나 있는가? 적게는 1장에서 많게는 5장 이상까지 가지고 있을 것이다. 음식점을 갈 때나, 옷을 살 때 가장 많이 쓰는 지불수단은 무엇인가? 일반적으로 가장 큰 지불결제수단은 신용카드일 것이다. 현금만큼이나 대중화된 신용카드가 "무절제한 소비의 주범"이라지만 결국 그 소비의 주체는 '외상이면 소도 잡아먹는' 이용자이다.

신용카드는 "편리하다"는 웃는 얼굴 뒤에 "무절제한 소비"의 주범이라는 무서운 얼굴을 가지고 있다.

"이 물건 비싸지만 멋진데? 할부로 하면 되지 뭐!", "돈이 없는데? 현금서비스로 한 10만 원 정도 받지 뭐!", "결제금액이 부족한데? 다른 카드로 돌려 막지 뭐!" 하면서 쉽게 큰돈을 마구 쓰다 보면 어느새 신용불량자가 되고 만다. 단 한 번으로 끝나는 것이 아니라, 반복의 악순환으로 흐르기 때문이다. 아무리 투자운용을 잘해 고수익을 올려도 소비를 절제하지 않으면 결국 밑 빠진 독에 물 붓기가 되고 만다.

소비를 줄이기 위해 신용카드를 쓰지 않는 사람도 있지만 신용카드를 사용하는 것이 현금으로 지불하는 것보다 여러 가지 부가서비스나 할인혜택 등을 받을 수 있어 여러모로 유리한 측면도 무시할 수 없다.

신용카드를 통한 소비를 효율적으로 하기 위해서는 돈을 쓰고 있다는 사실을 실감하는 것이 좋다. '매출전표', '신용카드 홈페이지', '계좌통합겸용 가계부' 등을 이용해보자.

첫째, 매출전표를 한 달 단위로 정리해 놓으면, 카드결제액을 관리할 수도 있고, 충동구매나 잘못된 거래에 대한 할부철회의 자료가 되기도 하니 꼭 간수해야 한다. 둘째, 카드사 홈페이지에서 결제금액과 사용내역을 확인할 수 있다. 뿐만 아니라 다양한 서비스와 무이자할부 이벤트 등이 있으므로, 꼭 카드사의 온라인회원이 되어보자. 셋째, 매경인터넷 금융센터의 계좌통합겸용 가계부 등을 이용하여 은행예금, 신용카드, 증권계좌 등을 한꺼번에 관리하자.

스스로 절제하지 못한다면, 아예 체크카드나 직불카드를 사용하는 등 강력한 절제장치를 마련하자. 그리고 절약된 쌈짓돈으로 재테크를 시작해보자.

03 재테크는 눈사람 만들기

필자는 재테크를 눈사람 만들기에 비유하고 싶다. 이는 눈사람 만들기가 재테크의 방식과 동일하기 때문이다.

옛날을 회상해보라. 밖에 눈이 왔을 때 우리는 무조건 뛰어나간다. 그럴 때 "장갑과 목도리를 하고 나가야지!" 하는 어머니의 목소리가 들려온다. 허겁지겁 나가던 우리는 옷을 두툼히 입는다. 이제 나간 뒤를 생각해보자. 모든 눈이 다 잘 뭉쳐지지는 않을 것이다. 함박눈은 잘 뭉쳐지지만 그렇지 않은 눈도 있고, 만약 눈이 비와 함께 온다면 낙담하고 들어올 것이다. 즉 어떤 종류의 눈인지, 바깥 상황이 어떤지를 파악하는 것이 중요하다.

이제 눈이 눈사람 만들기에 적당하고, 어느 정도 쌓여있는지 확인했다면 눈 뭉치를 만들 것이다. 그때, 또다시 뒤편에서 "눈싸움 하자!"라는 목소리가 들려온다.

나와 똑같은 눈사람을 만들려고 큰마음을 먹고 나왔으니 마음을 가다듬고 뒤편의 목소리를 무시하며 계속 눈 뭉치를 크게 만든다. 이럴 때, 보통 날아오는 것이 바로 눈덩이다.

친구들이 싸움을 걸기 시작한다. 이때 화가 나서 만들고 있던 눈 뭉치를 던지든지, 급하게 하나 만들어서 던진다. 만약 눈 뭉치를 몇 개 만들어 놓았다면, 이것을 던지고 나서 친구에게 멋진 눈사람을 만들자고 말하고 함께 눈사람 만들기에 돌입하게 된다.

이제 눈 뭉치는 눈덩이가 되어간다. 그리고 어느 정도 쌓이게 되면 점점 빠르게 더 큰 눈덩이가 되는 것을 볼 수 있다. 또 그냥 굴리는 것보다는 높은 곳에서 낮은 곳으로 굴리면 더 크게 됨을 알 수 있다. 크게 만든 눈덩이 두 개로 눈사람을 만들어 흐뭇하게 바라봤던 과거의 행복했던 추억이 바로 재테크와 같은 것이다.

옛 추억을 돌아보면서, 재테크에 적용해보는 것도 어떨까?

1단계 장갑 등을 확인하는 작업이 지피지기 즉 현재의 재무상황에 대한 분석이다.
2단계 눈과 바깥 상황을 파악하는 것이 바로 트렌드를 파악하고 금융상품의 활용 요령을 아는 것이다.
3단계 눈 뭉치를 만드는 것은 바로 종자돈 만들기로, 목돈 만들기에 해당된다.
4단계 눈덩이를 굴리는 것은 목돈 굴리기라고 할 수 있다.
5단계 눈사람 만들기는 바로 포트폴리오에 해당된다.

04 옛날 어머니의 강한 생활력

옛날 조선시대에 신분질서가 무너져 양반 체통을 지켜야 한다는 의무감도 희박해졌을 때, '내외주점'이라는 것이 있었다고 한다. 일반 가정집 대문의 둘레에 술병 모양의 테를 걸어놓은 내외주점은 술과 함께 매운탕 등의 안주를 파는 곳이었다. 알음알음 찾아가 술을 먹는데 주모와 손님이 얼굴 한 번 맞대지 않는다 해서 내외주점(內外酒店)이라고 하였다. 양반의 마지막 선은 지키되, 가족들을 위하여 고민한 아이디어 즉 고육책으로 내외주점을 만든 것이 바로 어머니의 강한 생활력이 아니었을까? 사농공상(士農工商) 중에서 가장 천대받는 직업인 상업, 게다가 술을 파는 일을 양반가의 부녀자가 한다는 것은 상상도 할 수 없는 일이라 한다. 남성은 굶어 죽는 한이 있어도 맹물을 마시고 트림을 한다며 양반의 체통을 벗지 않았지만, 그 부인은 머리채를 잘라 팔거나 심지어는 이렇듯 내외주점을 차려놓고 가족, 특히 자식들의 끼닛거리를 장만하는 용기를 낸다. '여자는 약하지만 어머니는 강하다' 라는 말이 그래서 나온 모양이다.

어찌 이런 '내외주점' 이라는 것만 있을까? 수많은 옛날 책들이나, 소설들 속에서 다른 형태의 "어머니의 생활력"을 볼 수 있을 것이다. 물론 지금 우리의 기억 속에도 자식을 위해 여러 일을 하시는 어머니의 아련한 모습이 있을 것이다. 역사가 큰 부분을 기록한다지만, 그러한 역사를 만든 큰 인물들을 만든 것은 바로 어머니가 아닐까? 이제 우리가 살고 있는 현대를 살펴보자. 옛날이나 지금이나 그것은 마찬가지다. 단순히 집에서 살림만 '잘' 하면 된다는 기존 '전업주부' 들의 이상적 모델인 '현모양처' 의 이미지는 이미 바뀐 지 오래되었다. 전업주부들이 자녀의 사교육비를 위해 부업 전선에 뛰어들기 시작한 것도 어머니의 역할이 단순히 살림을 잘하는 것뿐만 아니라 가정경제를 위한 조력자의 역할까지 요구되는 현실을 반영하고 있다.

05 재테크는 여성이 남성보다 강하다

여성은 기본적으로 남성에 비해 섬세하다. 남성들은 요모조모 꼼꼼히 따지는 일에는 젬병인 경우가 많다. 부부싸움을 하더라도 시시콜콜 따지는 부인을 이길 수 있는 남편은 거의 없을 것이다.

재테크의 방법은 다양하다. 금융상품만 해도 수천, 수만 가지 상품이 널려 있다. 내게 어떤 것이 유리한지 알아보는 것만으로도 한 세월 보낼 정도로 많다. 그렇기 때문에 남성보다 여성의 재능이 더욱 발휘될 수 있다. 양성평등 운운하는 요즘 가정의 대소사를 남성이 혼자 결정하는 경우는 거의 없다. 모든 일을 부부가 함께 결정하고 이끌어 나가고 있는 것이 현재의 추세다.

흔히 과거에는 여성이 집안의 재정문제와 경제적 독립에 대해서

별로 신경 쓰지 않았다. 그 이유는 여성이 자녀의 양육과 살림에 우선적으로 가치를 두었고, 이러한 가족중심적 사고방식 때문에 자녀, 남편, 부모 등 다른 사람을 먼저 배려하게 되었다. 농담으로 많이 쓰던 "여성의 최고 재테크는 부자 남편을 얻는 것이다"라는 말처럼 자신의 가치를 인정하지 않았고, 남성을 너무 믿었기에 돈은 남성이 벌고 여성은 돈을 쓰는 주체라는 사고방식이 일반적이었다. 하지만 부자 신드롬이 활개를 치는 세상의 트렌드를 반영하면서 여성들이 재테크의 중심에 서 있다. '여성을 위한 재테크' 등 세미나, 강좌 등이 늘어나고 있는 것도 이 때문이다.

왜 여성이 이러한 재테크에 나서야 할까? 그것은 열린 사고방식 즉 전문가의 말을 들을 줄 알며, 잘못을 쉽게 인정하고 행동으로 옮길 수 있다는 점, 그리고 성공한 사람 80%가 성공요인 중 부인의 믿음이 가장 중요했다고 대답하는 점에서 여성이 재테크에 나서야 한다. 물론 가장 주요한 이유는 여성의 목표가 아이를 잘 키우고 무난하게 사는 것이 아니라 돈을 모아 행복을 만끽하고 창조력을 발휘해 선행을 베풀면서 바로 자신의 꿈을 이루기 위해서 나서야 하는 것이다.

그렇다면 여성을 위한 재테크가 따로 있는 것일까? 여성이 운용하기 좋은 금융상품에는 어떤 것들이 있을까? 여성에게 얼마나 유리할까? 이제부터 하나하나 살펴보기로 하자.

재테크! 무작정 할수 있나? 기본원칙은 알아야지

여왕처럼 살기 위해서는 무엇을 해야 할까?
가장 놓치기 쉬운 것이 바로 목표를 갖는 것이다.
여왕 즉 부자가 되는 법에 목표를 갖는 것도 포함되는 것이
아닐까?

당신은 현재 부자인가?
자신의 재산상태를 눈으로 볼 수 있도록 표로 만들어 시각
화해 보기 바란다.
자신의 재산상태를 눈으로 직접 확인하면서 현실적으로 실
감하고, 미래에 대한 비전을 갖고 재테크에 돌입하라.
재테크를 시작하려고 마음먹었다면 지금 당장 저질러라!
물론 정확한 지침과 방법을 가지고 저질러라!

01 목표를 시각화하면 이루어진다

여왕처럼 살기 위해서는 무엇을 해야 할까? 가장 놓치기 쉬운 것이 바로 목표를 갖는 것이다. "저 애는 공주야"라는 말을 들었을 때 우리는 흔히 '공주병 환자'를 생각한다. 여왕 즉 부자가 되는 것도 이렇지 않을까? 공주병 환자처럼 남에게 조롱받는 것이 아니라 누구에게나 인정받는 진정한 여왕 바로 진정한 부자가 되어야 할 것이다.

"부자"가 되는 요인에는 단순히 돈에만 있지 않다. 가장 큰 전제가 있다. 이를 4가지로 구분하여 살펴보면 최우선 순위는 가족, 둘째는 자기 투자, 셋째는 우정, 마지막으로 긍정적 사고이다.

즉 돈이 아니라, 가족이 최우선 순위에 있다는 것이다. 돈을 벌기 위해 우리 가족의 화목을 해친다면 이는 물질적으로는 행복할지 몰라도 진정한 행복을 이룰 수 없다. 따라서, 가족이 가장 중요하다고 할 수 있다. 하루에 30분이라도 아이들과 대화하고 놀아주는 것이 어떠한 투자보다도 중요하다. 시간이 흐르면, 아이들의 관심은 변한다. 아이에게 부모가 필요할 때, 함께 있어주는 것이 중요하다.

둘째, 자기 투자이다. 이는 두 가지로 구분할 수 있는데, 바로 건강에 대한 투자와 자기개발 즉 공부에 시간을 투자하는 것이다. 건강은 당연히 돈과 바꿀 수 없는 것이다. 자기개발은 자기가 재미있어 하는 곳에 투자하는 것이며, 재테크 역시 공부가 그 기반이 될 수 있다. 셋째는 우정이다. 친구들과, 주위의 이웃과의 관계는 무엇보다 소중한 자산이 될 수 있기 때문이다. 넷째, 긍정적 사고이다. 어떤 이는 작은 것에 만족하지만, 어떤 이는 큰 것 때문에 작은 기쁨을 느끼지 못한다. 긍정적 사고를 갖는 것이 바로 진정한 여왕이 될 수 있는 첫걸음이다.

그렇다면, 어떻게 목표를 시각화할 수 있을까? 목표를 수립하는 방법은 다음과 같다.

첫째, 모두 잠든 밤에 A4 한 장을 준비한다.

둘째, A4 한 장에 우리 가족의 1년 뒤의 모습, 3년, 10년, 20년 뒤의 모습을 적어본다(원하는 모습).

셋째, 예정된 이벤트가 있을 경우 함께 적는다. 내 나이와 가족의 나이를 동시에 적는다(예정된 상황).

넷째, 우리 가족이 꿈꾸는 20년 뒤의 모습을 함께 적어본다.

다섯째, 목표를 달성하기 위해 지금 당장 내가 해야 할 일과 그것을 실행하기 위한 마음가짐을 적어보자. 이것을 세부목표 달성전략으로 삼는다.

목표의 시각화는 다른 것이 아니다. 누구나 다른 삶을 살 것 같지만, 공통된 부분이 있다는 전제를 다는 것이다. 즉 이러한 공통적인 목표는 이름표를 붙일 수 있는 것이다.

▶ 목표시각화의 예

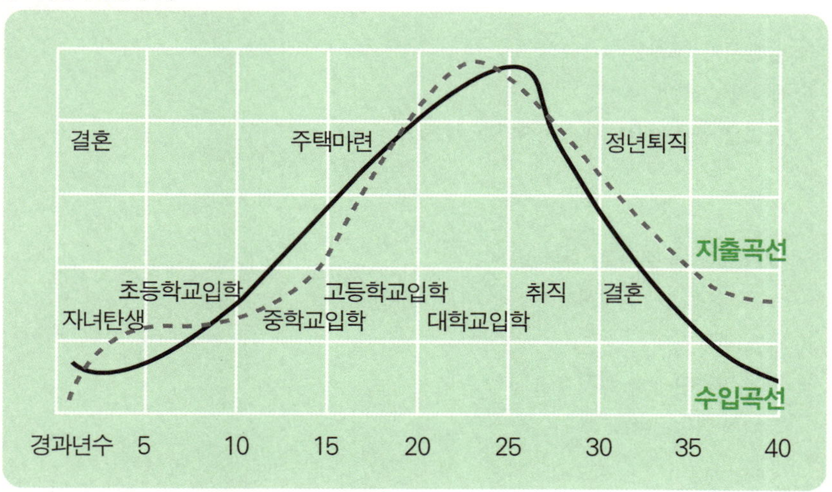

동일한 로드맵을 이름표로 붙인다면, 계획은 더욱더 쉬워진다. 요즘 재무설계라는 말이 유행이다. 세 번째로 적은 이벤트에 대비하는 것이 사실은 재무설계이다.

이제 세부목표 달성에 대해 살펴보자. 직장인을 예로 들어서 설명해보자. 직장인이라면 소득을 올리기 위해 승진하려 노력할 것이다. 그렇다면 그것을 구체적으로 적어본다. 남보다 빨리 8시에 출근한다, 항상 밝은 미소를 띤다, 모든 업무는 내가 책임진다, 말한 것은 반드시 지킨다, 공손하자, 일주일에 책 한 권은 읽는다 등등 얼마든지 있을 것이다. 전문성을 높이기 위해 책을 읽는다고 해도 구입할 것이냐 사내 도서관을 이용할 것이냐 등 더욱 구체적으로 써나가다 보면 확실히 눈에 보일 것이다.

▶ 세부목표 달성전략의 예

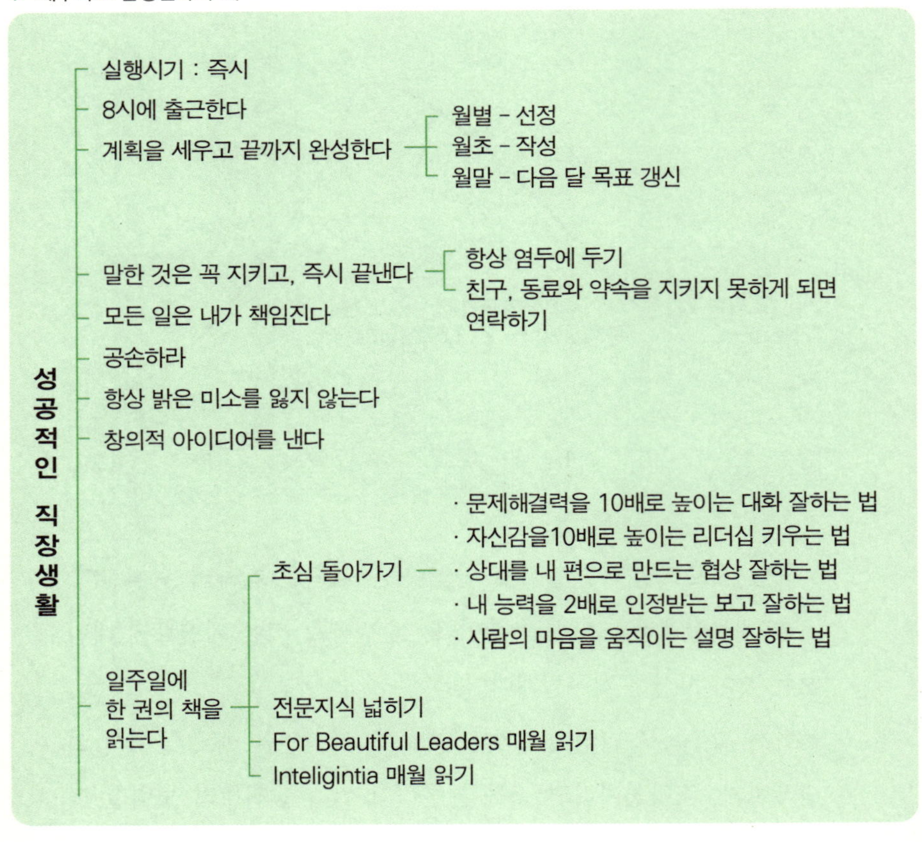

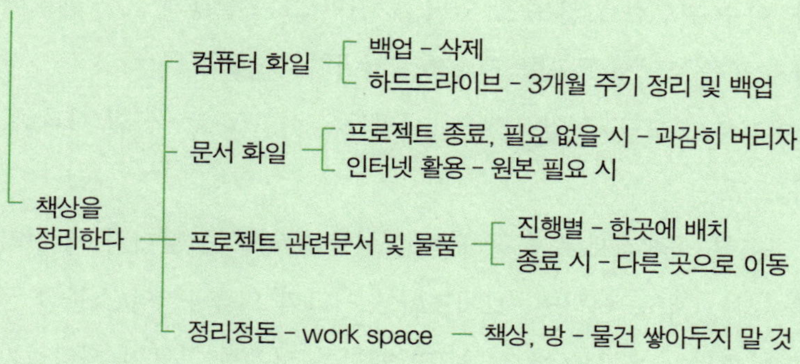

앞에서 언급한 1년 뒤의 모습, 3년, 10년, 20년 뒤에 내가 생각한 우리 가족의 모습이 어떤지 상상해서 적어보는 것이 목표설정의 첫걸음이다. 여러 모습들을 직접 그려보면서 목표를 잡아보자.

필자가 목표를 구체적으로 그리는 것을 언급할 때, 자주 하는 이야기가 있다. 바로 "마스크"로 유명해진 짐 캐리 이야기다. 1980년대 후반 그의 이력은 보잘것없었다. 무명시절에 짐 캐리는 클럽에서 일하며 단칸방에서 딸을 키우고 살았다. 정상에 오르는 목표를 가지고 부와 명성을 꿈꾸며 할리우드로 향하면서 수표책을 꺼내 천만 불짜리 수표를 "1995년 추수감사절"이란 지급기한으로 미래의 자신에게 끊어주었다. 이것을 보면서 미래에 대해 고민했다. 4년 동안 수표를 주머니에 넣고 다녔는데, 그동안 그는 "마스크"로 세계적인 배우가 되었고, 그것을 아버지에게 주었다고 한다. 여러분! 수표가 어떤 것인지 알 것이다. 만약 수표를 사용하고 지급시한까지 그 돈을 은행에 넣어놓지 않으면 파산한다. 즉 신용불량자가 된다. 아주 위험한 일일 수도 있다. 하지만 그는 실행하였고, 매일매일 수표를 보면서 목표를 되새겼을 것이다.

여러분도 그럴 수 있다. 어떤 사람들은 이를 바로 "꿈의 시각화"라고 부른다.

목표를 구체적으로 수립하면서, 이를 바라보는 것이다. 필자가 좋아하는 책 중 하나인 '모치즈키 도시타카'의 『당신의 소중한 꿈을 이루는 보물지도』를 보면, 짐 캐리가 사용한 목표의 시각화가 좀 더 구체적으로 설명되어 있다. 1시간 정도면 읽을 수 있는 짧은 내용의 책이지만, 그것이 주는 강력한 효과는 정말 놀라웠다. 그 책이 주는 메시지는 3가지이다.

첫째, 나만의 보물지도를 작성하기
둘째, 보물지도를 항상 눈에 띄는 곳에 걸어놓고 매일 매 순간 명심하기
셋째, 보물지도의 소망을 하나씩 달성하기

자, 그렇다면 보물지도를 어떻게 작성하는지 살펴보자. 먼저 A1 사이즈의 코르크보드를 구입하자. 그리고 보물지도의 제목을 작성한다. 가장 가운데에 나의 모습과 꿈이 담긴 사진이나 그림을 붙이고 기한과 조건을 적어놓는다. 마지막으로 구체적인 행동목표를 기록해 본다. 이걸 모든 가족이 볼 수 있는 곳에 붙여놓는다. 이걸 흔히 꿈의 시각화라고 한다. 목표에서 빠져서는 안 되는 것이 있다. 즉 목표를 수치화하는 것이다. 이는 내가 이루고 싶은 목표를 달성하기 위해서는

돈과 시간이 어느 정도 필요한지 적어보는 것이다. 즉 목표를 이루기 위한 금액을 만들겠다는 것이다. '10년에 10억 만들기'라는 목표를 만들고 문의하는 사람이 많다. 하지만 구체적으로 물어보면 정확한 전략이 없는 경우가 많다. 따라서, 목표를 시각화했을 때는 아래와 같이 두 가지를 꼭 기억해야 할 것이다.

첫째, 목표를 정하거나 그 목표를 이루려고 할 때 즉시 할 수 있는 행동과 어떠한 장벽이 있고, 그 장벽을 넘기 위해서는 어떠한 전략을 수립할 것인지 적어보는 것이다.

둘째, 1년에 한 번씩 이러한 목표를 이루기 위해서 어떠한 노력을 했는지 점검하는 시간을 갖는다. 점검하는 시간을 올 12월 25일로 정해 달력에 동그라미를 하여 기록해보는 것이다. 막연한 꿈은 이루어질 수 없다. 그러나 이를 매일 보며 고민할 때 그 목표는 이루어질 것이다.

꿈은 한 번에 이루어지지 않는다. 그에 따른 노력이 어느 정도 쌓였을 때, 이루어지는 것이다. 진인사대천명(盡人事待天命)은 바로 모든 노력을 다했을 때 꿈은 이루어진다는 말로 해석할 수 있다.

02 지피지기는 백전불태 : Double T 그리기

지피지기백전불태(知彼知己百戰不殆, 상대를 알고 나를 알면 백번 싸워도 위태롭지 않다는 뜻)라고 했다. 자신의 재정상태를 확인하여 그에 따라 나름대로 미래의 목표를 세우고 그 목표달성을 위한 장·단기 계획을 수립해야 한다. 구체적으로 단계를 밟아 올라가면서 금융상품들을 활용하기 위해서는 기본원칙이 있다. 그 내용을 살펴보자.

먼저 T자를 두 개 그려보자. T는 구획을 나누는 선의 모양을 말한다. 첫 번째 T자는 자신이 가진 재산상태를 표로 만들어 확실히 분석해 보려는 것이다. 회계학적 용어로 '대차대조표'를 작성해보라는 뜻이다. 영문 대문자 'T' 자 형태를 그려 왼쪽에 재산(자산)을 전부 적어 넣는다. 오른쪽 공간은 다시 반으로 나누어 그 위쪽에는 빚(부채)을 모두 적어본다. 왼쪽의 재산가치에서 오른쪽 부채를 제하면 당신의 진짜 재산(순자본)을 알 수 있다. 그 수치를 오른쪽 하단에 적는다.

당신은 현재 부자인가? 죽을 때까지 먹고 쓰고 남을 만큼 많은 재산을 갖고 있지 않다면 자신의 재산상태를 눈으로 볼 수 있도록 표로 만들어 시각화해 보기 바란다. 대충 머릿속으로 생각하는 것과 실제로 표를 만들어 확인하는 것에는 큰 차이가 있다. 직접 작성해본 자신의 재산상태를 눈으로 직접 확인해 현실적으로 실감하고, 미래에 대한 비전을 갖고 재테크에 돌입하라.

▶ T자를 그리자

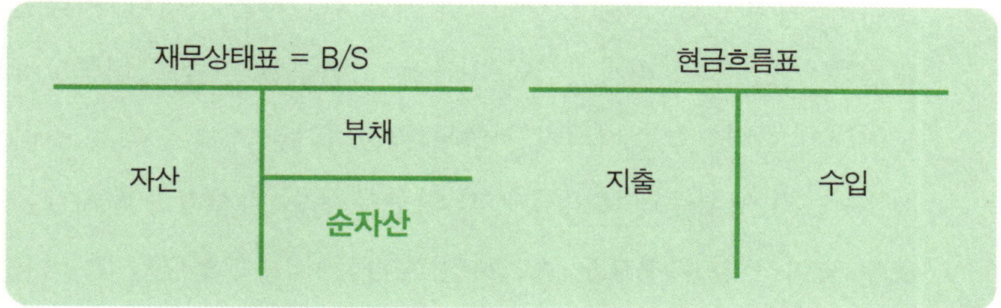

그러기 전에 또 하나의 T자를 그려야 한다. 이번에는 왼쪽에 우리 가족의 월수입을 항목별로 다 기록하고, 오른쪽에는 구체적인 지출내역을 적어보자. 이 표를 작성해보는 의미는 비효율적인 지출을 통제할 근거를 찾아내는 데 있다. 두 번째 T자는 바로 우리 가족의 현금흐름표(Cash Flow Chart)를 뜻한다. 앞에서도 말한 바와 같이 머릿속으로 '그까이 꺼 대충' 그려보는 것과 직접 상세한

표를 작성해 보는 것은 매우 큰 차이가 있다.

앗! 가계부를 적지 않는다? 그렇다면 두 번째 T를 제대로 그리기 위하여 최소한 한 달 정도는 가계부를 정리해서 고정지출과 변동지출에 대한 분석을 제대로 할 수 있는 자료를 확보해야 할 것이다. 그리고 가계부 적는 것을 중단하지 말자. 가계부는 나의 재테크의 기본이다.

물론 한 달 정도 가계부를 작성하는 것이 부족할 수 있지만, 그 경우는 이번 달의 주요한 지출들의 원인을 고려하면 분석할 수 있다. 이때 지출에 대한 분석이 중요하다 할 수 있다. 다시 말하면, 매월 고정적으로 나가는 교육비, 주거비, 전화세, 관리비 등의 고정비와 비정기적인 지출인 경조사비, 신용카드 사용대금, 자동차 수리비, 외식비 등이 얼마인지 그 총액을 파악하는 것이다. 이러한 과정을 거친 후에 비정기적인 지출을 고정적인 지출로 바꾸도록 노력해야 한다. 즉 정기적인 지출과 비정기적인 지출을 따로 관리할 수 있게 영수증과 내역서도 따로 구분하며, 비정기적인 지출은 모두 모아서 한 통장으로 관리하면 효과적이다. 그렇다면 그 비용을 관리하기 쉬워질 것이다. 이 경우 통장을 구분하자는 원칙이 적용될 수 있다.

가계부의 작성은 바로 재정현황에 대한 분석이다. 이러한 재정현황에 대한 분석단계는 2단계를 거친다.

첫째, 모든 통장(펀드 포함), 보험증권 증서, 신용카드 명세서를 모아 하나의 표에 적어보는 과정이다. 둘째는 나의 지출형태에 대한 분석이다.

연초가 되면 흔히 남자는 금연을, 여자는 가계부 쓰기를 결심한다. 그런데, 남자의 경우 3일 만에 금연이 끝나는 사람이 있고, 한 달을 가는 사람도 있을 것이다. 그런데, 여자의 가계부 쓰기는 한 달을 못 넘기는 경우가 많고, 두 달 정도 지나면 대개 그만두었다. 물론 남자나 여자가 한 달이나 두 달이 넘은 경우가 되면, 습관이 되어 쭉 나간다. 우리는 이런 분들을 "독한 사람"이라 할 것이다. 그런데 재미있는 것은 여자의 가계부 쓰기에서 포기하는 이유를 물을 때의 답이다. 대부분 포기하는 이유가 작은 것까지 쓰다 보니 번거롭고, 가계부를 쓰면서 느끼는 돈 없는 설움의 스트레스와 적자 가계부를 볼 때마다 느껴지는 원망 때문이라는 것이다.

필자가 한 달만 쓰라고 한 것도 이러한 스트레스를 해소하고, "지출분석"이라는 본래의 목적을 달성하기 위해서다. 그래도 이왕 쓰는 가계부니, 스트레스를 안 받는 방법과 가계부의 장점도 설명해 보겠다.

일반적으로 가계부를 쓴다고 하면, 무작정 모든 항목을 세세하게 나열하고 한 푼 두 푼 찾아다니다 보면 금방 짜증나서 던져버리기 십상이다. 콩나물 500원, 아들 과자 300원 등을 다 적다 보면 스트레스를 받는 것은 당연하다.

이 경우 꼭 기억해볼 말이 바로 "단순화"이다. 이를 위하여 미리 지출항목을 결정할 필요가 있고, 지출 시 증빙영수증만 꼭 챙기면 가계부 쓰기는 훨씬 수월해진다. 가계부는 작은 돈이라도 빼먹으면 안 되는 것이다. 만약 회사를 경영한다고 생각하면 영수증 없이 회사 돈을 한 푼도 지출할 수 없다. 가계도 마찬가지로 작은 회사이다. 아내가 회사의 사장이고 남편은 영업사원이다. 아이들을 회사 직원이라 생각하면 어떻게 돈을 써야 하는지 답이 나온다.

그런데 가계부의 가장 큰 고민거리가 카드 사용이다. 카드는 사용시점과 결제시점이 다르고, 할부를 사용할 경우 예산을 초과할 가능성이 매우 커 규모 있는 살림을 하기가 쉽지 않다. 이 경우 스케줄 관리에 매우 주의를 기울여야 하며, 이를 위하여 미리 지출예상 자금을 모아놓아야 하겠다.

두 번째로 기억해야 할 말이 "통장의 구분"이다. 즉 소비를 위한 결제계좌와 예금계좌를 구분하는 것이다. 실제소비에 대한 이름표를 다는 작업이 필요하다. 일정기간이 지나면 이를 정확히 관리하기 어려우므로 가계소비를 위한 결제계좌를 분리해야 할 것이다.

즉, 매월 통장에서 자동이체 되는 전기료, 아파트 관리비, 대출이자 비용, 카드 할부금 등 매월 지출되는 금액은 계좌를 하나로 통합하여 관리해야 하는 것이다. 이 결제계좌는 예금계좌가 아니므로 매월 말 잔고는 되도록 0으로 하는 것이 좋다. 두 번째 예금계좌를 만드는 것이다. 일반적으로 예금계좌라고 하면 적금통장과 같은 것을 생각하기 쉬우나 전혀 그렇지 않다.

예금계좌란 매월 지출되고 남은 금액이나 갑자기 생긴 부수입, 카드결제를 위한 자금, 다음 달에 쓸 돈, 6개월 이내에 사용 가능한 자금 등을 모아 두는 계좌로 CMA계좌나 MMF계좌를 권하고 싶다. 이러한 계좌는 입출금이 자유로우면서도 금리도 상당히 받을 수 있으므로 매우 유리하다. 이제 결제계좌와 예금계좌를 구분했으니, 가계부를 쓰는 요령은 반은 극복이 되었을 거라 생각된다.

이 두 가지를 합치면, 지출과 수입의 "통장의 분리"를 통해 수입, 지출을 구분하는 것이다. 특히 지출의 경우 고정비와 변동비로 구분하는 것이다. 고정적으로 나가는 교육비, 주거비, 전화세, 관리비 등의 고정비의 총액과 비정기적인 지출인 경조사비, 신용카드 사용대금, 자동차 수리비, 외식비 등으로 항목을 구분하여 기록하는 것이다.

만약 이 글을 읽는 독자들이 "꼼꼼한 여성"이었다면, 계속 가계부를 작성할 것이다. 가계부를 쉽게 쓰는 방법은 바로 '발상의 전환'이다. 즉 모든 지출에는 이유가 있다는 것이다. 가족을 위한 지출은 "가족의 역사"라 할 수 있다. 예를 들어, 아이의 생일잔치를 위해 외식을 한 경우에, 외식비로 지불한 금액과 기념으로 찍은 사진이 남을 것이다. 이를 가계부에 기록해보면 어떨까? 사진을 붙이고, 금액과 느낌을 간략히 적어본다면 아이들이 장성한 후 보았을 때 좋은 추억이 되지 않을까? 다시 말하면, 가계부를 매일 반복되는 작업이 아닌, 소중한 우리 가족의 역사책을 쓴다고 생각하면, 작성이 즐거워질 것이다.

현재 대중화되어 있는 인터넷 가계부를 이용하는 것도 하나의 방법이다. 모네타(www.moneta.co.kr)나, 매경 금융센터(http://money.mk.co.kr)의 가계부를 이용하는 것도 좋다. 이러한 가계부 기록도 역발상을 한다면 재미있는 도구가 된다. 바로 요즘 유행하는 블로그나 싸이월드 미니홈피를 비공개로 하고, 사진과 함께 하루를 기록하는 것도 좋은 방법이다. 물론 휴대폰이나 디지털카메라를 통해 찍은 내용을 비공개로 올릴 수도 있다.

03 재테크에도 유행이 있다

　최근 TV에 방영된 코미디 프로그램 중 '패션 7080'이라는 프로그램이 있다. 그 프로그램을 잠시 소개하면, 생김새와 이름은 된장처럼 구수하지만 원조 '강남 스타일'과 '명품족'을 자처하는 홍춘이(박휘순)와 오춘이(오지헌), 그리고 '멋진 형님'(박준형)이 출연한다. 이들이 서울 강남구 청담동에서 28년을 살았다며 여성용 빨간 내복과 검은 고무 소재 작업복을 입고 최신 '압구정 패션'이라 우긴다는 내용인데, 명품과 강남을 맹목적으로 좇는 세태를 풍자하는 메시지를 담고 있다. 이제는 여러 프로그램에서도 이를 패러디하고, 벌칙으로 연예인들이 빨간 내복을 입고 구내식당에서 밥을 먹는 것을 볼 수 있다.

촌스러움의 극치라는 빨간 내복을 미디어에서 자연스럽게 다루는 것도 하나의 트렌드가 아닐까? 재테크 책에서 이러한 '패션 7080'이라는 프로그램을 이야기하는 것은 바로 재테크에도 유행이 있기 때문이다. 빨간 내복이 웃음을 준다면, 재테크의 트렌드는 높은 수익률이라는 더 큰 웃음을 줄 수 있다.

재테크의 트렌드는 어떻게 파악해야 할까? 트렌드를 안다고 맹목적으로 따르기만 하면 높은 수익률을 올릴 수 있을까? 트렌드를 따르면 주위에서 비웃음을 당하지는 않지만 높은 수익률을 얻을 수는 없다. 그 트렌드를 예측하고 남보다 반 박자만 빠르게 움직일 때 큰 이익을 얻을 수 있는 것이다.

예를 들어보자. 2006년 강남의 아파트값이 정부의 정책을 비웃으며 빠르게 상승하였다. 오랜만에 모임에 나갔더니 사람들이 부동산에 대한 이야기만 했다. 정점으로 향하던 하반기에 갈수록 대출을 받아 아파트를 사는 사람들이 더욱더 늘어나 주위에서도 흔히 볼 수 있을 정도였다. 그러나 현시점에서 돌아본다면 어떤가? 그에 대해 정확한 평가를 내리기에는 아직 무리가 있지만 대출을 죄는 정부정책이 어느 정도 부동산시장을 잡으면서 거래가 소강세로 접어들었다. 재테크의 유행이란, 주위의 모든 사람들의 생각이 어느 쪽으로 갈 것인가를 파악하는 것이다.

80년이라는 긴 시간 동안 성공적인 주식투자를 하여 유럽의 전설적인 투자자로 불리는 앙드레 코스톨라니(1906~1999)는 이를 달걀모델로 정리하였다. 그의 책인 『Kostolanys Börsenseminar』에서 '주식 시세는 어떻게 움직이는가?'의 질문에 대한 답변이 바로 달걀모델이다. 달걀처럼 주식에 대한 시세는 돌고 돈다는 것이다. 그는 이를 '거래량'과 '주식소유자의 수'를 통해 "조정국면 → 동행국면 → 과장국면 → 조정국면 → 동행국면 → 과장국면"의 순환을 통해서 주가 시세는 움직인다는 것이다. 그는 추세와 반대로 행동하는 것이 성공의 열쇠지만, 꼭 그렇게 해야 된다고는 주장하지 않았다. 즉 전체의 사이클에 1/3은 추세와 같이 가야 한다는 것이다. 즉 상승장에서 즉시 팔지 않고 어느 정도 추세와 같이 가야 하며, 하락장에서는 즉시 사지 말고 기다렸다가 시장이 패닉상태에 들어가 주식소유자가 모든 주식을 내던지는 투매현상이 일어날 때 주식을 사라는 것이다. 어쩌면 단순하게 보일 수 있는 이론이지만, 코스톨라니의 혜안이 숨어있는 것이다. 시세 즉 트랜드는 주식의 시세 즉 돈과 시장에 참여하는 주식소유자(시장참여자)들의 심리에 영향을 받는다는 것이다. 돈과 시장참여자들의 심리가 긍정적일 때 오르고, 부정적일 때 시세는 하락한다는 것이다.

최근 베스트셀러로 떠오른 『시골의사의 부자경제학』의 저자 박경철은 이 코스톨라니의 달걀모형을 금리에 적용하였다. 금리정점과 금리저점을 기준으로 하여 투자수단인 예금, 채권, 부동산, 주식을 적용한 것이다. 즉 "조정국면 → 동행국면 → 과장국면 → 조정국면 → 동행국면 → 과장국면"을 각 금융수단에 적용하는 것이다. 즉 부자들의 투자형태를 적용한 것인데, 금리가 과열되었다는 상황에 이르게 되면, 은행의 예금과 같은 확정금리의 상품에 투자가 몰리지만, 이는 "하락"이라는 전제를 안게 되는 것이다. 이에 예금과 같은 상품보다 더 안전하고 확정적인 채권에 투자하게 되고, 다시 부동산으로 갈아타고 일반인들도 부동산시장으로 뛰어들면, 부동산을 통해 시세차익을 얻고 주식시장으로 이동하여 우량주를 매입하고, 다시 일반인들이 주식시장에 뛰어들면 예금으로 갈아타는 사이클이 반복된다는 것이다. 일반인이라 표현했지만, 이는 시장참여자들의 심리라 할 수 있다.

트랜드에 대한 파악을 통한 투자에 대한 이해를 위하여 달걀모형을 설명했지만, 이러한 투자수단은 더욱 세분화되고 확대된다. 이전의 투자수단이 크게 부동산, 주식등으로 구분했지만, 간접투자, 해외투자가 가능해지면서 부동산도 해외부동산, 펀드도 해외펀드 등으로 그 분야가 더욱 더 세분화되고 더욱 더 그 달걀은 더욱 더 커지게 될 것이다.

진정한 트랜드를 통한 투자는 무조건 트렌드를 따른다고 일반인의 모든 관심과 그 관심에 의해 부각되는 상품만을 구입하는 것이 아니라는 것을 알 수 있다. 전체적인 돈의 흐름을 파악하고, 즉 트렌드를 예측하고 그 트렌드보다 반 박자정도 빠르게 투자행동을 해야 높은 수익률을 얻을 수 있으며, 성공재테크 투자가가 될 수 있을 것이다. 흔히 표현하는 '최고수익률 갱신' 등 모든 매스컴이 주목할 때는 시장이 정점일 가능성이 크다.

간단한 그림과 모형을 통하여 설명했지만, 막연할 수 있으므로 직접 과거의 우리나라 상품별 재테크 수익률의 변화에 대한 그 당시의 기사를 통해 좀 더 자세히 살펴보자.

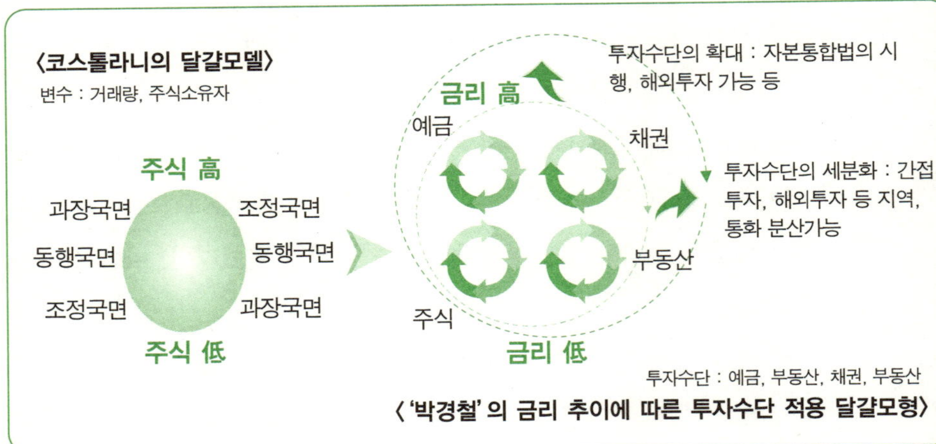

〈 '박경철' 의 금리 추이에 따른 투자수단 적용 달걀모형〉

2001년 수익률 1위는 소형아파트

2001년 부동산에 투자한 사람이 가장 높은 수익율을 올린 것으로 조사됐다. 은행예금은 수익율이 가장 낮았다. 대신증권에 따르면 올 들어 지난 19일까지 재테크 상품을 분석한 결과 소형아파트가 가장 높은 수익을 올렸으며 이어 주식, 비과세 근로자 주식상품, 채권, 금, 은행예금 등의 순으로 나타났다. 1위를 차지한 소형아파트의 경우 목동 20평형의 현 시세는 1억 5,000만 원으로 연초의 평균시세 1억 500만 원에 비해 42.86%의 상승률을 기록했고 27평형도 연초 1억 6,500만 원 하던 평균시세가 2억 2,000만 원까지 올라 33.33%의 수익률을 기록했다. 정부의 부양책과 저금리 추세, 전세금 상승 등으로 아파트 가격이 급등해 소형아파트에 투자했다면 평균 38.10%의 시세차익을 거둘 수 있었던 것으로 나타났다. 주식투자도 연초에 투자해 연말까지 보유했다면 상당한 이익을 챙길 수 있었다. 하이닉스 처리문제와 국제 D램 가격급락, '911테러' 등의 악재에도 불구하고 지수만 따져본다면 거래소의 경우 연초보다 24.21% 올랐으며 코스닥도 21.35% 상승했다. 채권의 경우 3년 만기 지역개발채권(전남지역)은 연초에 사서 19일에 팔았다면 세후수익률 기준으로 9.37%의 차익을 챙길 수 있었고 회사채(LG화학)는 8.72% 등으로 채권의 평균수익률은 8.52%에 달했다. 금값은 미국 테러사건의 영향으로 현물자산에 대한 수요가 늘면서 2001년 10월 중 연초대비 15.91%까지 오르기도 했으나 시간이 지나면서 수요가 줄어 현재가는 연초대비 8.39% 올라 은행예금보다는 짭짤했다. 은행예금은 사상 초유의 저금리 기조로 수익률이 가장 저조한 것으로 나타났다. 신한은행의 실속 정기예금(1년 만기짜리 상품을 끝까지 가져간다고 가정할 경우)은 각종 세금을 감안할 경우 수익률은 4.68%에 그쳐 가장 초라한 성적을 올렸다. 반면 비과세혜택이 있는 간접상품으로 올해 말까지 한시적으로 가입할 수 있는 상품인 근로자주식(대신증권 근로자주식 B1)상품에 가입했을 경우 23.80%의 높은 수익률을 거둔 것으로 나타났다. 〔매일경제 2001. 12. 21〕

2002년 수익률 1위는 대형아파트

올 들어 집값이 급등하면서 아파트가 최고의 재테크 수단이 된 것으로 나타났다. 반면 종합주가지수는 0.72% 오르는 데 그쳤고 코스닥지수는 큰 폭으로 하락해 집값 상승과 대조를 이뤘다. 대신증권이 지난 3일 아파트 채권주식 등 주요 재테크 상품의 2002년 12월 2일 현재 수익률을 연초와 비교한 결과 아파트가 가장 높은 수익률을 기록했다.

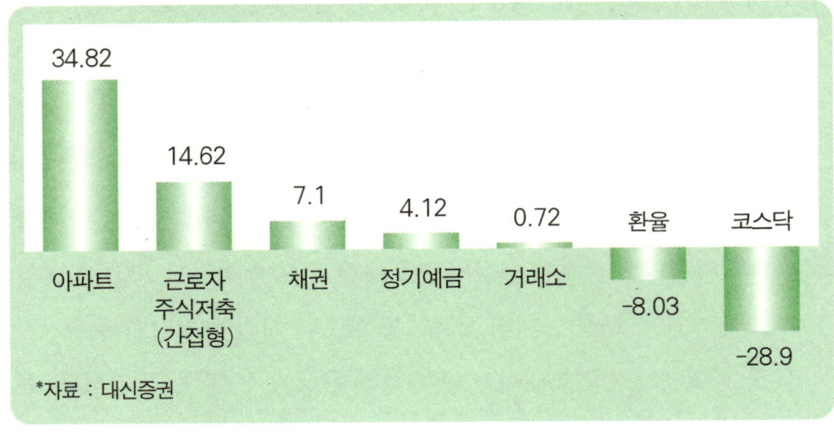

대형아파트(서울 목동 4단지 55평형)는 연초 5억 6,000만 원에서 지난 2일 현재 7억 5,500만 원으로 34.8% 올라 수익률 1위를 차지했다. 중형아파트(35~45평)는 평균 23.35% 상승했으며 소형아파트(20~27평)도 17.26% 올라 아파트에 투자한 사람들이 올해 가장 짭짤한 수익을 거뒀다.

간접형 근로자주식저축(대불 근로자주식B1 기준)이 14.62%의 수익을 기록해 아파트 뒤를 이었고 채권은 5년 만기 국민주택1종이 7.14%를 기록하는 등 평균 7.10%의 수익을 냈다. 은행 정기예금(신한은행 실속정기예금 기준)에 1,000만 원을 맡겼을 경우 수익률은 4.12%였으며 금값(1돈쭝 도매 기준)은 4만 9,300원에서 5만 원으로 1.4% 올랐다. 종합주가지수는 724.95에서 730.16으로 0.72% 오르는 데 그쳤다. 코스닥지수는 28.9% 급락해 재테크 수익률 최하위를 기록했다.

〔매일경제 2002. 12. 4〕

2003년 수익률 1위는 주식간접 투자상품

　2003년 주요 재테크 상품 가운데 주식간접 투자상품의 수익률이 아파트를 제치고 가장 높은 것으로 나타났다. 대신증권은 올 들어 이달 10일까지 주요 자산별 투자수익률을 조사한 결과, 대표성이 있는 5개 주식간접 투자상품이 평균 28.0%로 가장 높았다고 14일 밝혔다. 간접투자 상품별 수익률은 ▲한국투자증권 탐스 그랜드슬램 30.37% ▲LG증권 인덱스프리 28.29% ▲현대투자증권 인덱스프리 27.59% ▲제일투자증권 빅앤세이프 인덱스 27.16% ▲대한투자증권 갤롭코리아(인덱스 주식 V-1) 26.59%였다.

　상장지수펀드(ETF)인 코덱스(KODEX)200은 26.16%, 코세프(KOSEF)는 24.45%의 수익률을 냈다. 조사기간에 종합주가지수는 25.11%가 상승한 반면 코스닥지수는 0.04% 오르는 데 그쳤다. 지난해 조사에서 재테크 수익률 1위를 차지했던 아파트의 올해 매매수익률은 정부의 부동산 안정대책의 영향으로 주식관련 상품보다 낮았다. 서울 대치, 방배, 잠실, 미아, 목동의 대형아파트(50~58평형)는 평균 17.96%가 올랐다. 또 같은 지역 중형아파트(41~46평형)는 14.57%, 소형아파트(23~27평형)는 6.59%가 각각 상승했다. 금값은 도매가 기준으로 10.95%가 뛰었다. 이에 비해 1998년 12월에 발행된 국민주택 1종 채권(5년 만기)을 연초에 사서 지금 팔았을 경우 세전수익률은 4.59%, 신한은행 실속정기예금의 세전수익률은 4.15%에 불과했다. 원 달러 환율은 0.09% 하락해 달러 보유가 재테크 수단으로써의 매력을 잃어버린 것으로 조사됐다.

〔연합뉴스 2003. 12. 14〕

2004년 수익률 1위는 채권

2004년 주요 재테크 상품 가운데 채권투자 수익률이 가장 높은 것으로 조사됐다. 대신증권은 6일 올 들어 이달 1일까지 주요 자산별 투자수익률을 조사한 결과 대표적인 3개 채권(5년 만기 기준)의 세전수익률이 평균 7.24%로 가장 높았다고 밝혔다.

채권별 수익률은 △회사채(삼성물산 88) 11.46% △지역개발채권(전남지역 00-12) 5.22% △국민주택채권(1종) 5.04%였다. 반면 지난해 수익률 1위였던 주식간접 투자상품은 4.44% 수익률로 한 계단 내려왔다.

조사기간에 종합주가지수는 6.76% 상승한 반면 코스닥지수는 16.27% 하락했고 상장지수펀드(ETF)인 코덱스(KODEX)200은 3.58%, 코세프(KOSEF)는 3.89% 수익률을 냈다. 신한은행 실속정기예금의 세전수익률은 3.30%였다.

한편 서울 대치, 방배, 잠실, 미아, 목동의 중형아파트(41~46평형)와 같은 지역 소형아파트(23~27평형)는 각각 0.34%, 0.91% 하락했다. 이 지역 대형아파트(50~58평형)도 평균 0.15% 상승하는데 그쳤다. 금값은 도매가 기준으로 0.32% 내렸고, 원 달러 환율도 12.11%나 떨어졌다.

현재 재테크 상품의 특징은 채권을 제외하고 모두 지난해에 비해 현격히 떨어졌다. 조종철 대신증권 금융상품팀장은 "경기침체 장기화와 금리인상 등으로 인해 안정성이 높은 채권의 수익률이 가장 높게 나타났지만 전반적으로 보면 마땅한 재테크 수단이 줄어들었다"고 분석했다. 〔매일경제 2004. 12. 6〕

2005년 수익률 1위는 주식형 펀드

주식형 펀드가 2005년 최고 재테크 상품으로 부상했다. 5일 관련업계에 따르면 올해 들어 이달 2일까지 주식, 주식형·채권형·머니마켓펀드(MMF) 등 각종 펀드, 채권 등의 수익률을 비교한 결과 주식형 펀드가 가장 높은 수익률을 기록했다.

코스닥지수가 올해 91.26%나 상승했지만 코스닥 펀드는 성장형 펀드수익률에 다소 미치지 못했다. 하지만 주가급락 시 주식형 펀드에 대한 대규모 환매사태가 일어날 수 있다는 경계론도 대두되고 있다.

■ 성장형 펀드 올해 52.2% 수익률

펀드평가 회사인 제로인에 따르면 유형별 펀드 중 성장형(주식비중 70% 이상) 펀드의 연초 이후 평균수익률(2일 기준)은 52.2%로 나타났다. 이는 같은 기간 코스피지수 상승률인 45.77%를 웃도는 수준이다. 이어 연초 이후 유형별 평균수익률을 살펴보면 코스닥 펀드 48.04%, 인덱스 펀드 42.14%, 안정성장형(주식비중 40~70%) 25.77%, 안정형(주식비중 40% 이하) 13.16% 등으로 나타났다. 같은 기간 MMF와 채권형 펀드수익률은 각각 2.89%와 1.41%를 기록했다.

■ 수익률 100% 육박하는 펀드 등장

성장형 펀드 중에서는 '유리스몰뷰티주식'이 연초 이후 수익률이 135.89%로 가장 높았다. 이어 '신영마라톤주식'(84.98%), '한국부자아빠거꾸로주식 A-1ClassA'(80.69%) 등 순이었다. 인덱스 펀드 중에서는 '한국부자아빠인덱스 파생상품'의 연초 이후 수익률이 46.67%로 1위, '유리인덱스200 주식파생상품투자B'(44.4%)가 2위, '한국부자아빠 엄브렐러인덱스 파생상품'(44.39%)이 3위였다. 안성형 펀드 중에서는 '마이다스블루칩 배당주식형'(38.26%), 안정형 중에서는 'KB스타블루안정혼합1'(26.61%)이 각각 수익률 1위를 기록했다. 채권형 펀드 중에서는 'CJ굿초이스채권1'의 연초 이후 수익률이 3.37%로 가장 높았다.

■ 전국 아파트 올해 들어 5.6% 상승

부동산시장과 관련해 국민은행 주택가격 지수 가운데 아파트 매매지수에 따르면 지난해 말에 비해 전국 아파트(11월 말 기준)는 5.6% 올랐다. 서울지역으로 한정하면 수익률이 8.5%로 높아지며 강남권인 서초구는 무려 25.2%, 강남구 17.4%, 강동구 11.9%의 수익률을 보였다.

■ 주가 하락하면 적립식 펀드 위험

한편 적립식 펀드가 열광적인 인기를 모으면서 주가가 천정부지로 치솟고 있지만 증시가 하락하면 대규모 환매사태로 2003년 신용카드 거품붕괴와 같은 상황이 올 수도 있다고 영국 시사경제주간지 이코노미스트 최신호(3일자)가 지적했다. 이 잡지는 연일 사상 최고가 행진을 벌이고 있는 한국 증시의 대호황은 은행권 등에서 판매되고 있는 적립식 펀드의 폭발적인 인기와 관련이 있다고 보도했다. 아직은 조짐이 나타나고 있지 않지만 주가가 하락하면 투자자들은 끝까지 신념을 지키기 힘들어질 수도 있으며 이로 인해 신용카드 거품붕괴와 같은 현상이 나타날 수도 있다고 잡지는 지적했다.

제임스 카메론 아틀란티스 투자은행 펀드매니저는 "만에 하나 주가가 폭락하면 대규모 환매가 발생할 수 있다"며 "우리는 적립식 펀드가 침체 국면에서도 주식에 투자하는 정신을 고취시키기를 희망하고 있다"고 말했다.　　　　　　　　　　　　〔매일경제 2005. 12. 6〕

2006년 수익률 1위는 해외펀드

2006년 여러 재테크 상품 중 해외펀드가 투자자들에게 가장 많은 기쁨을 안겨줬다. 또 정부의 강력한 대책에도 꺾이지 않는 부동산 열풍으로 서울지역 아파트도 20%에 육박하고 양천구의 경우는 35%의 수익이 나는 등 기록적인 수익률을 기록했으며 금도 수익률이 짭짤했다. 이에 비해 지난해 최고의 수익률을 기록했던 주식형 펀드와 주식 직접투자의 성적은 별로 신통치 않은 것으로 나타난 반면 채권형 펀드는 상대적으로 선전, 대조를 이뤘다.

15일 관련업계에 따르면 올 들어 11월 말까지 일반 투자자들의 주요 재테크 대상인 주식과 채권, 부동산 및 각종 펀드, 금의 수익률을 비교한 결과 해외펀드가 가장 높은 수익률을 올렸다. 다만 이번 수익률 비교는 자산별 평균평가액 변동을 기준으로 한 것이어서 실제 실현수익률과는 다소 차이가 있을 수 있다.

■ 해외투자펀드 수익률 굿 중국펀드 두각

펀드평가사 제로인이 해외 주식에 투자하는 펀드 가운데 수탁고 10억 원 이상인 96개의 평균수익률을 집계한 결과 21.74%에 달했다. 특히 해외투자 펀드 가운데 중국펀드들은 수익률이 50%대에 육박하는 '대박'을 터뜨린 경우도 수두룩했다. 신한BNP파리바운용의 '봉쥬르차이나주식1'은 연초 이후 수익률이 무려 49.98%에 달했다. 또 미래에셋자산운용의 '차이나솔로몬법인주1ClassI'는 46.86%, '차이나솔로몬법인주1ClassA'는 45.94%, '차이나디스커버리주식1ClassA'는 45.48%로 뒤를 이었다.

이처럼 중국펀드가 강세를 보인 것은 올해 현지 정부의 증시개혁 프로그램 가동과 중국의 경제 성장성에 대한 기대감이 겹쳐지면서 중국 증시가 급등했기 때문이다.

■ 부동산 열풍 속으로 서울 아파트 수익률도 20% 육박

정부의 잇따른 부동산 대책에도 부동산 열기가 확산되면서 지난해에 이어 지속적으로 자금이 몰리면서 고수익을 낸 것으로 나타났다. 국민은행이 발표하는 주택가격지수 가운데 아파트매매지수에 따르면 전국의 아파트는 작년 말에 비해 11.4%나 상승했다. 특히 서울지역으로 한정하면 수익률은 19.7%에 달했으며 강남지역은 무려 24.6%나 됐다. 구(區)별로는 양천구가 35.0%로 최고의 수익률을 기록했으며 이어 강서구(31.3%), 동작구(27.6%), 강남구(24.5%), 서초구(24.2%) 등 순이었다. 국민은행 관계자는 "아파트마다 취등록세나 양도세 등이 모두 다르기 때문에 매매지수로 계

산되는 지역별 아파트의 평균수익률은 세전 것임을 감안해야 한
다"고 지적했다.

■ 채권 강세, 채권형 펀드 선전

지난해 고전했던 채권형 펀드는 비교적 선전한 편이다. 81개 채
권형 펀드의 연초 이후 수익률은 4.49%를 기록했다. 지난해 연간
수익률 1.89%에 비해 2배 이상 높아진 수치다. 이는 올 들어 2차
례의 콜금리 인상에도 통화 긴축 중단에 대한 기대 속에 채권금리
가 꾸준히 내렸기 때문이다. 같은 기간 지표물인 국고채 5년물 금
리는 연 5.36%에서 연 4.86%로 0.50%, 국고채 3년물은 연 5.08%
에서 연 4.81%로 0.27% 하락했다.

■ 증시침체로 주식투자 및 주식형 펀드는 추락

한국 증시가 달러 약세, 북한의 핵실험과 미국 금리인상에 따른
수급요인, 정보기술(IT)기업 실적부진 등 안팎의 불안요인으로 글
로벌 증시의 동반 랠리에서 소외되면서 지난해 최고의 수익률을
자랑했던 주식형 펀드와 직접 주식투자는 부진을 면치 못했다. 주
식투자 비중이 70%를 초과하는 385개 성장형 펀드의 연초 이후
평균수익률은 -0.55%로 '마이너스'를 기록했다. 또 주식비중이 41
~70%인 72개 안정성장형은 2.88%, 주식비중 10~40%인 안정형
도 2.73% 수익률에 그쳤다. 신한BNP파리바운용의 '프레스티지코
리아테크주식2'는 13.01%, 미래에셋자산운용의 '3억만들기중소
형주식1ClassA도 10.20%의 마이너스 수익률을 보이고 있고 KB자

산운용의 '광개토주식'은 8.89%의 손실을 내고 있다.

같은 기간 코스피지수는 1,379.37에서 1,432.21로 3.83% 상승에 그쳤고, 코스닥지수는 701.79에서 622.17로 11.3% 뒷걸음질쳤다.

■ 금 상승률도 만만치 않아

계좌를 이용해 금 거래를 할 수 있는 신한은행의 '골드리슈금적립' 상품의 경우 지난해 말 매매가 기준가격이 1g당 1만 6,610원이었으나 지난달 말 현재 1만 9,049원으로 14.68% 상승했다. 매매 시 내야 하는 수수료를 감안하면 지난해 말 구입해 바로 매도했다면 11.97%의 수익을 냈을 것으로 추산됐다.

〔연합뉴스 2006. 12. 15〕

지난 2001년부터 2006년까지의 재테크 수익률에 대한 신문기사를 보았을 때 어떠한 느낌이 드는가? "아! 작년에 그 상품에 투자했으면 큰 수익을 낼 수 있었을 텐데"라는 생각이 먼저 들지 않는가?

물론 위의 자료에 대한 비교는 평균수익률에 대한 비교와 연초와 연말의 변동폭을 중심으로 비교한 것이기에 실제 실현수익률과는 조금은 차이가 있지만, 전체적인 현황파악은 어느 정도 할 수 있을 것이다.

자, 이제 표를 통해 2001년부터 2006년까지의 수익률 1위를 한눈에 보자.

	2001년	2002년	2003년	2004년	2005년	2006년
1위 평균 수익률	42.86%	34.8%	28%	7.24%	52.2%	47.06%
1위	소형 아파트	대형 아파트	주식 간접투자	채권	성장형 펀드	해외 중국펀드
2위	주식	소형 아파트	종합 주가지수	주식 간접투자	코스닥 펀드	양천구 아파트
3위	비과세근로자 주식저축	근로자 주식저축	대형 아파트	종합 주가지수	인덱스 펀드	강서구 아파트
4위	종합 주가지수	채권	중형 아파트	정기예금	안정성장형 펀드	동작구 아파트
5위	코스닥	정기예금	금	대형 아파트	안정형 펀드	서초구 아파트
6위	채권	금	소형 아파트	중형 아파트	강남 서초 아파트	금
7위	금	종합 주가지수	채권	소형 아파트	강남구 아파트	채권형 펀드
8위	정기예금	코스닥	금	금	강동구 아파트	안정성장형 펀드
9위			코스닥	코스닥		안정형 펀드
10위			원 달러	원 달러		성장형 펀드

앞의 표를 보면, 6년 정도지만 상당히 많은 변화가 있음을 알 수 있다.

첫째, 각 재테크 수단별 세분화다. 단순히 재테크 수단으로 주식, 부동산 중 아파트, 채권, 금, 정기예금만으로 분류해서 비교하였지만, 각 수단별로 점점 세분화되었음을 알 수 있다. 그리고 2003년과 2004년까지는 주식 간접투자라 표현했지만, 2005년 이후부터는 펀드라는 이름이 전면에 내세워졌고, 그 펀드 역시 안정형·성장형 펀드, 해외펀드, 채권형 펀드처럼 더욱더 세분화됨을 알 수 있다. 또한 아파트도 소형과 대형으로 구분하다가, 지역별 구분까지 더욱더 세분화되었다.

이는 재테크적 관점에서 보면 펀드와 아파트, 금과 같은 현물의 구분에서 틈새시장을 살펴야 성공할 수 있다는 것을 알 수 있다. 다시 말하면, 해외 주식형 펀드도 단순히 중국이나 인도 같은 개발도상국뿐만 아니라, 이머징유럽 펀드 등과 같은 동유럽국가, 분산투자 관점의 유럽선진국에 투자하는 펀드들도 투자의 대상으로 고려해야 한다. 또 부동산투자 역시 단순히 해외투자가 아니라, 리츠와 같은 간접투자 상품 등으로 확대해야 하며, 지역 역시 개발도상국뿐만 아니라 유럽, 호주 등으로 그 지역을 세분해야 할 것이다.

둘째, 영원한 1위는 없다. 2003년의 경우 주식 간접투자라는 이름으로 펀드가 1위를 차지했지만, 2004년 2위로 내려앉았고, 2005년에는 주식비율이 70%가 넘는 성장형 펀드가 1위를 했지만, 2006년에는 마이너스 수익률이었다. 이는 시장상황에 대한 분석과 추세를 읽지 못하면 안 된다는 절대적 진리가 숨어있는 것이다. 2004년 차이나쇼크 전에 모 외국계 은행에서 100% 수익률을 거뒀다는 광고를 했을 때 가입했던 펀드투자자의 입장에서는 차이나쇼크 때문에 굉장히 힘든 것은 사실이었다. 물론 2007년이었다면 수익률을 어느 정도 거두었지만 말이다. 여기서 얻을 교훈은 바로 단기수익률을 목적으로 투자해서는 안 된다는 것이다. 신뢰도 높은 운용사의 주력 펀드에 3년 정도 장기투자를 한다면 '일희일비' 하는 사례는 크게 줄어들 수밖에 없다. 펀드 수익률이 시들해지고 바뀔 수는 있지만, 재테크적 관점에서 시장을 볼 때 가장 중요한 것은 수익률이 급등하는 시기(spike)를 잡아야 한다는 것이다. 그리고 대표적인 위험자산인 주식시장에서 이를 잡기 위해서는 그물을 넓게 쳐놓는 장기투자밖에 없다. 미실현된 이익은 이익이 아니다. 미실현 손실은 손실이 아니다. 펀드를 환매했을 때 나의 이익이 확정된다는 사실을 명심해야 할 것이다.

이미 언급한 이야기지만, 이제는 트렌드 파악이 정말 쉬워졌다. 상품의 세분화에 대해 어느 정도 파악할 수 있게 되었기 때문이다. 또한 우리가 흔히 말하는 '상투'라는 말도 확인하기 쉬워졌다. 모든 매스컴이 떠들고 가입하면 바로 상투인 것이다. 성공적인 재테크는 너무 앞서가는 것이 아니다. 트렌드를 예측하고 그 트렌드보다 반 박자 정도 빠르게 투자행동을 해야 높은 수익률을 얻을 수 있고, 성공재테크 투자가가 될 수 있다는 것을 다시 한 번 강조하고 싶다.

04 일단 저질러라!

한 달이 걸리든, 하루가 지났든 자신의 재산상태와 현금의 흐름을 확인했다면 이제 재테크에 대한 계획을 세우고 싶다는 욕망이 생길 것이다. 왜? 우리와 우리의 미래는 더욱 소중하니까.

재테크를 시작하려고 마음먹었다면 지금 당장 시작하라고 흔히 말한다. 과연 그 이유는 무엇일까? 그것은 바로 시간과 세금의 힘 때문이다. 투자에 있어 시간은 우리에게 오랜 친구가 되거나 반대로 적이 될 수도 있는 양면의 칼과 다름없다.

먼저 시간의 힘에 대해 살펴보자. 여기 나이 차이가 10살 정도 되는 두 사람의 여성이 있다고 하자. 두 여성의 가족 월수입은 비교 대상이 아니다. 이들이 흥청대면서 쓰고 남은 것을 저축하든,

허리띠를 졸라매고 저축하든 상관없이 월 투자액이 300만 원으로 같다고 가정하고 그들의 투자내용을 비교해보자. 재테크에 관심이 많은 두 사람의 여성에게 이정은과 정영희라는 이름을 붙여 좀 더 편안히 비교해보자.

이정은 씨는 투자상담을 한 후에 월 3백만 원씩 적립하기 시작하였다. 적립투자를 10년 동안 했다고 하면, 이정은 씨의 투자누적 잔액은 3억 6천만 원이 된다. 만약 기대수익률이 연 10%이고 그 이자수익까지 모두 적립한다면, 투자누적 잔액은 631,122,014원이 된다. 정영희 씨는 이정은 씨의 투자결과를 보고, 투자를 결심하였는데 늦게 시작한 만큼 더 오래 투자하기로 마음먹고 20년을 같은 방식으로 적립식 투자에 돌입하였다.

이정은 씨는 아이들이 자라나면서 교육비 지출이 늘어나는 등 더 이상 투자를 지속할 형편이 아니어서 투자를 중단했다. 그러나 투자누적 잔액은 미래를 위해 그대로 묻어두었다. 이제 정영희 씨가 적립식 투자를 종료한 20년 뒤로 가보자. 이정은 씨에게는 투자를 시작한 지 30년이 지난 때가 된다. 30년 후의 두 사람의 투자결과를 비교해보자. 여기서 물가상승률을 고려하지 않고, 연 기대수익률이 10%였다고 가정한다면, 이미 631,122,014원을 그대로 놔둔 이정은 씨의 경우 투자액의 결실은 4,245,873,319원으로 늘어나는 것을 알 수 있다. 같은 시점인 정영희 씨의 20년 후의 결과는 투자한 적립액과 그 투자수익을 합해 2,268,089,980원이다. 이정은 씨가 10년 먼저 투자하고 20년이 지난 뒤, 즉 정영희 씨가 이정은 씨보다 10년 늦게 투자를 시작해서 20년을 보낸 같은 시점임에도 불구하고 두 사람이 손에 쥔 액수의 차이는 무려 1,977,783,339원이나 된다. 매월 300만 원씩 10년을 투자했던 이정은 씨가 똑같은 방식으로 20년을 투자했던 정영희 씨보다 약 20억이 많은 것이다. 시간은 이처럼 일찍 시작한 사람에게 보다 더 좋은 친구가 되는 것이다. 투자를 당장 시작해야 하는 이유가 여기 있다. 지금 당장 저질러라!

| 월 3,000,000원 투자 시 연 기대수익률 10%일 때 | | | | 1,977,783,339 |
연차	이정은	투자누적잔액	정영희	투자누적잔액
1	36,000,000	39,600,000	0	0
2	36,000,000	83,160,000	0	0
3	36,000,000	131,076,000	0	0
10	36,000,000	631,122,014	0	0
11	0	694,234,216	36,000,000	39,600,000
15	0	1,016,428,315	36,000,000	241,761,960
20	0	1,800,664,762	36,000,000	733,834,216
25	0	2,636,353,278	36,000,000	1,258,190,275
30	0	4,245,873,319	36,000,000	2,268,089,980
원금합계	36,000,000		720,000,000	
이자수익		3,885,873,319		1,548,089,980

이와 반대로 시간이 적으로 둔갑하는 경우를 살펴보자. 대표적인 것으로 인플레이션을 들 수 있다. 우리나라의 평균적인 물가상승률을 3%라고 가정한다면, 실제 화폐가치의 하락으로 기대수익률

만큼 큰 수익을 얻지 못하게 된다. 1980년에 라면 값이 100원이었던 것에 비해, 요즘은 520원을 주어야만 라면 하나를 살 수 있다. 현재의 화폐가치를 액면 그대로 20년, 30년 후의 화폐가치로 생각하면 곤란하다는 말과 같다. 그렇다고 미래를 위한 투자를 하지 않는다면, 위 두 사람과는 비교도 할 수 없는 나락에 빠지게 될 것이다. 다 써버리고 난 뒤 그나마 갖고 있는 적은 재산은 더욱 형편없어질 것이 불을 보듯 빤한 일이다.

▶ 물가의 힘

월 투자금액＝50만 원, 기대수익률＝8%, 인플레이션율＝3%　　191,211,460

연차	월 투자금액	기대수익율	연차	월 투자금액	인플레이션 감안
1	500,000	6,224,963	1	500,000	6,011,012
2	500,000	12,966,595	2	500,000	12,046,113
3	500,000	20,267,779	3	500,000	18,105,398
4	500,000	28,174,958	4	500,000	24,188,965
5	500,000	36,738,428	5	500,000	30,296,910
10	500,000	**91,473,018**	10	500,000	**61,205,756**
15	500,000	173,019,111	15	500,000	92,738,896
20	500,000	294,510,208	20	500,000	124,908,941
25	500,000	475,513,197	25	500,000	157,728,754
30	500,000	**745,179,724**	30	500,000	**191,211,460**
합계	180,000,000		합계	180,000,000	

인플레이션을 감안하면 실제 화폐가치 하락으로 기대수익률이 좋지만은 않다

세금은 시간과 달리 친구가 되지는 못한다. 투자수익률을 낮추는 적이 될 뿐이다. 그러나 소득이 있으면 납세를 해야 하는 국민의 신성한 의무를 저버리고 살 수는 없다. 우리는 사회를 떠나, 국가의 울타리 밖에서 살 수는 없기 때문이다. 국가는 우리가 내는 세금을 우리의 미래생활이 더욱 편안할 수 있도록 복지 부문이나 사회 기간설비 등에 투자할 것이므로 그리 손해 보는 일도 아니다.

▶ 세금의 힘

월 투자금액=100만 원, 연이자율=12%, 개인소득세율= 25% **7,083,452,237**

기간(년)	월 납입액	누적금액(비과세)	기간(년)	월 납입액	누적금액(과세)
1	1,000,000	12,682,503	1	1,000,000	12,507,586
2	1,000,000	26,937,465	2	1,000,000	26,188,471
3	1,000,000	43,076,878	3	1,000,000	41,152,716
4	1,000,000	61,222,608	4	1,000,000	57,520,711
5	1,000,000	81,669,670	5	1,000,000	75,424,137
10	1,000,000	**230,038,689**	10	1,000,000	**193,514,277**
15	1,000,000	499,580,198	15	1,000,000	378,405,769
20	1,000,000	989,255,365	20	1,000,000	667,886,870
25	1,000,000	1,878,846,626	25	1,000,000	1,121,121,937
30	1,000,000	3,494,964,133	30	1,000,000	1,830,743,483
35	1,000,000	6,430,959,471	35	1,000,000	2,941,764,474
40	1,000,000	11,764,772,510	40	1,000,000	4,681,320,237

투자수익에 대한 이자소득이나 근로소득 등에 대한 과세는 물가상승률처럼 실질소득을 줄어들게 하지만 더욱더 구체적이다. 물가상승률로 인한 화폐가치 하락으로 줄어드는 실질소득은 체감하기 어렵지만 투자수익에서 빠져나가는 세금은 당장 눈에 보이기 때문이다. 물론 방법이 없는 것도 아니다. '살림에는 눈이 보배' 라고 두 눈 크게 뜨고 찾아보면 절세재테크 방법이 얼마든지 있고, 금융상품 중에도 절세상품이 있다는 것을 알게 될 것이다.

절세재테크를 하여 세금부담을 줄이더라도 인플레이션은 어차피 계속 압박으로 작용한다. 세금과 물가상승률이 무섭다고 투자를 주저할 것인가? 당신이 꿈꾸는 미래의 목표를 달성하기 위해 물가상승률과 세금을 감안하여 기대수익률을 낮춰 잡아야 하는 것이 막막하게 느껴지는가? 그러나 우리에게 주어지는 결론은 그럴수록 현실적으로 허리띠를 졸라매고 더욱 많은 금액을 투자해야만 안정된 미래를 기약할 수 있다는 것뿐이다.

지금 당장 저질러라! 물론 정확한 지침과 방법을 가지고 저질러라!

05 누구나 자신이 원하는
재테크가 있다

재테크를 시작하면 제일 먼저 귓전이 시끄러워진다. '그거 사!
사흘 동안에만 600원 올랐어', '이건 특급정보야, 너한테만 말해주
는 건데', '그 지역에 온천이 터졌대' 등등 내 마음을 어지럽히는
수많은 정보가 솔깃하게 고막을 자극한다. 수익이 오르면 내가 잘
나서, 손해를 보면 남이 조언을 잘못해서 그렇게 되는 것이 아니
다. 결국 내가 선택하고, 판단해서 행한 일인 것이다. 내 돈을 누구
한테 맡기겠는가? 내 손으로 해야 할 일이다.

재테크를 시작하자. 주변 사람들이 어떤 투자를 하는지, 시중에
나와있는 금융상품에는 어떤 것들이 있는지, 향후 경기전망은 어

떤지, 전문가들은 무엇을 권하는지, 챙겨볼 게 정말 많다. 하지만 그 가운데 제일 먼저 할 일은 내가 원하는 재테크가 무엇인지 파악하는 것이다.

투자성향이 아니라 재정목표에 따르라

대부분의 사람들은 자신의 투자성향에 따라 금융상품을 고른다. 투자성향은 단순히 몇 가지 심리테스트만으로 알아낼 수 있는 것이 아니다. 대개 금융상품을 선택하기 위해 은행창구에 가거나, 보험설계사, 펀드매니저를 만나면 금융상품의 특성에 대한 설명을 들을 수 있다.

이 상품은 원금보장형이라 안전하지만 수익성은 낮다든가, 수익성이 높지만 원금보장이 되지 않으므로 분산투자를 하라든가, 자세한 설명을 들을 수 있다. 그리고 금융상품을 선택하는 기준을 말해준다. "손님은 고수익을 원하세요? 안전성을 원하세요?", "고수익에 안전한 상품은 없나요?" 그런 우문은 하지 말자.

나의 투자성향은 무엇일까? 그건 궁금해할 대상이 아니다.

"어떻게 모은 건데, 이것마저 까먹으면 어떡하지? 난 원금 손해 보는 건 절대 안 해" 나만 그렇게 생각할까? 언제나 내 돈은 무조건 아까운 법이다. 원금을 손해 보기 싫어하는 나의 성격 때문이 아니라 원금을 보존해야 하는 품목의 돈은 안전한 원금보장형 상품에 투자해야 하는 것이다. 예를 들어보자. 결혼 날짜 잡아놓고, 시간이 조금 있다고 해서 결혼자금을 고위험 주식펀드에 넣을까 고민하지 말라는 것이다. 왜냐하면 결혼은 어차피 해야 하고, 결혼자금이 없어지면 빚이라도 얻어야 하기 때문이다. 앞에서도 말했다시피 재테크의 기본은 버는 게 아니라 아끼는 데 있다. 빚이 늘어나면 그만큼 재테크 운용의 폭이 좁아진다. 이자를 벌어들여도 시원치 않은 저금리시대에 이자를 물어가며 언제 돈을 모으겠느냐 말이다.

내가 원하는 재테크!

내가 어떤 일에 꼭 써야 할 목돈을 미리 준비할 수 있도록 현재의 자산을 운용하는 방법이어야 한다.

나의 투자성향보다 중요한 것, 그것은 나의 인생 플랜이다.

누구나 살아가면서 삶의 전환점을 갖게 된다. 교육을 마치면 취업을 하게 되고, 연애를 하면 결혼을 하게 되고, 결혼을 하면 아기를 낳고, 아기를 낳으면 내 부모가 나에게 그랬듯이 나도 내 아이를 교육시켜야 한다. 전세를 탈출해서 내 집 마련도 해야 한다.

이 모든 일들이 돈과 관련되어 있다. 돈이 있어야 할 수 있는 일이다. 내 부모가 숟가락 두 개 가지고 신혼 살림을 시작했다고 해서 우리 세대도 숟가락 두 개로 새로운 삶을 시작할 수는 없다. 이제 재테크를 하기 전에 나의 인생계획과 맞물릴 수밖에 없는 목돈이 들어갈 시점과 그 돈을 마련할 계획을 세워보자. 하나만 생각하면 그건 재테크가 아니다. 내 인생에 꼭 있게 될 이벤트를 모두 멋지게 계획해보자. 무엇으로? 지금 가진 돈으로 말이다. 지금 손에 쥔 게 없다면, 그 돈을 만들어야 한다.

현재 갖고 있지 않은 목돈! 그 목돈을 만들기 위해 자산운용을 하기 전에 염두에 두어야 할 몇 가지가 있다. 언제 얼마나 필요한

가? 무엇으로 그 목돈을 만들 것인가?

고민하지 말고 앞 절에서 이야기한 단계별 재정목표 수립법을 다시 한 번 보라. 그리고 당장 만들자. 내 인생의 단계별 재정목표를 옆에 놓고 지금 가진 쌈짓돈, 매월 생기는 소득을 쪼개서 운용해보자.

앞에서 재테크는 자산관리라고 했다. 이제 재테크의 개념을 더 확대해보자. 내 인생이 끝나는 날까지 삶을 준비하는 라이프 매니지먼트 그것이 진정 내가 원하는 재테크이다.

■ 위험회피형 – 저위험

결혼자금, 주택자금, 교육비 등과 같이 꼭 지출해야만 하는 자금 마련을 위해서는 위험도가 낮은 위험회피형 상품을 선택하는 것이 좋다. 적금을 탔든지, 할머니에게 유산을 물려받았다든지 현재의 내 소득수준에서 볼 때 목돈이라면, 그것도 위험회피형 상품에 투자하라.

원금보장형 금융상품 중에도 금리 차이가 나는 경우가 많다. 부지런한 새가 모이를 많이 줍는 법이다. 3장에서 다시 다룬다.

■ 위험중립형 – 중위험

요즈음 금융상품의 트렌드는 펀드라고 하는 간접투자이다. 투자자는 일일이 기업에 대한 정보를 수집해야 할 부담이 없이 어느 펀드가 평균수익률이 높고 원금손실을 내지 않는지 확인하면 되니 편안한 투자방법이다. 아마 주변을 돌아보면 남들이 가장 많이 하는 재테크가 바로 간접투자일 것이다. 간접투자 상품인 펀드에는 원금은 전액 보장되지는 않지만 일부 보장되고, 대신 위험회피형에 비해 수익성이 높은 상품들이 있다.

나의 재정목표 가운데 어떤 품목이 위험중립형에 맞을까? 큰돈 드는 일은 아니지만, 목돈을 준비해야 하는 예를 들어보면 자동차 구입을 위한 자금을 마련하는 것이 있다. 만일 손해를 보게 되더라도 새 차 대신 중고차를 살 수도 있으니 일부 보장되는 원금만으로도 해결할 수 있다.

위험중립형 상품을 고를 때는 절세재테크를 명심하라. 세금을 아끼는 것, 소득공제 대상인지 꼼꼼히 살펴서 선택하라. 티끌 모아 태산이라고 저금리시대에는 세금을 아끼는 것이 이율 높은 상품보다 유리한 경우가 많다. 여기서 중요한 것은 귀를 막는 것이다. 주의할 것은 주변의 이야기에 귀 기울지 말고 내 눈과 머리로 판단하고 투자하라. 트렌드는 좇아가는 것이 아니라 남보다 반 박자 앞서 가야 하는 것이다. 이 부분은 3장에서 다시 다룬다.

■ 위험선호형 - 고위험

수험료 낸다는 기분으로 까먹어도 좋을 돈을 조금 투자해서 운용해본다. 없어도 그만인 돈을 갖고 시작하자. 목돈을 한꺼번에 투자하지는 말자. 목돈은 위험회피형 상품에 투자하고 없어도 좋을 돈으로 시작하자. 조금 위험하면 어떠랴 수익이 높은 것이 최고다 싶은 경우에 선택할 수 있는 상품들은 위험도가 높은 만큼 원금손실도 예상해야 하므로 분산투자하는 것이 좋다.

분산투자의 4원칙

분산투자는 4가지 원칙으로 나눈다. 첫째, 투자자산의 분산 즉 현금(예금), 채권, 주식, 부동산 등에 나누어 투자하는 것이다. 부동산에 올인하고 경기가 침체되어 급한 대출을 받는 경우를 당하지 않게 하라는 말이다. 둘째, 시간의 분산 즉 단기, 중기, 장기 적립식 투자 등으로 투자기간을 나눈다. 투자기간에 따라 혜택이 달라지는 상품이 많다. 셋째, 지역의 분산 즉 한국 주식, 한국 채권, 해외 주식, 해외 채권 등으로 나눈다. 주식도 한 가지에 올인했다가 소위 '깡통 찼다'는 경우를 쉽게 보게 되는데 위험은 나눌수록 좋은 것이다. 넷째, 통화의 분산 즉 원화, 달러, 유로화, 위안화 등으로 나누는 것이다. 달러의 가치가 내려가도 상대적으로 가치가 올라가는 원화를 갖고 있다면 투자위험이 분산되는 것이다. 이렇게 위험을 분산하면 안정적인 수익을 기대할 수 있다.

그럼 어떤 비율로 어떻게 나눠야 할까? 수익성보다는 안정성에 자산의 60%를 투자하고, 수익성에 나머지 40% 정도를 투자하는 6 대 4의 비율을 넘으면 분산투자의 의미가 없어진다. 전체적으로 고위험군의 상품에만 집중적으로 투자하면서 그 상품의 종류를 나누어 분산투자했다는 것은 분산투자의 진정한 의미를 이미 잃어버린 것이다.

귀를 닫고 생각하라, 그러면 보일 것이다

내가 원하는 재테크는 내 기분이나 성향에 맞는 것이 아니라 운용해야 할 또는 목적하는 목돈의 성격에 맞춰야 한다는 것을 명심하라. 그렇지만 주변의 누군가가 재테크로 고수익을 올렸다고 하더라는 소리를 듣게 되면 내 원칙이 많이 흔들리게 된다. 나의 재테크 원칙을 흔들지 말자. 왜냐하면 인생은 길기 때문이다. 하루를 살지, 오래 살게 될지는 아무도 모른다.

그래도 귀에 들리는 정보가 너무 솔깃하다면 눈으로 직접 확인하면 된다. 인터넷에는 얼마나 많은 정보가 있는가? 공신력 있는 관련기관에 들어가 직접 눈으로 확인해보는 것이 좋다. 부동산관련 정보라면 도로공사 홈페이지도 빼놓지 말아야 한다.

들리는 정보에 마음이 산란해지는 것은 나의 재테크 원칙이 없기 때문이다. 내가 무엇을 어떻게 하리라 마음을 굳게 먹으면 남의 말이 아니라 내 눈으로 확인하게 된다. 누구도 믿지 말고 나 자신을 믿어라. 나의 감을 믿는 것이 아니라 내가 가진 정보를 믿으라는 말이다. 남의 입이 아니라 나의 눈으로 확인한 공신력이 있는 정보여야 한다. 신문이나 증권사의 홈페이지의 분석정보들을 정기적으로 들여다보는 것도 도움이 된다.

06 배워라! 그리고 응용하라

인간에 대한 표현은 참으로 많다. 최근 필자가 들은 인상적인 인간에 대한 표현은 "호모콩푸스"이다. 즉 사람은 공부하는 동물이다.

본 책 『꼼꼼한 여성이 여왕처럼 산다』의 전제는 자신에 대한 세심한 분석과 철저한 자기관리, 그리고 꼼꼼한 학습인 것이다. 꼼꼼한 학습은 무척 중요하다. 펀드라는 대전제는 전문가가 그 펀드를 운용해주는 간접투자 방식이지만, 정작 중요한 것은 그 펀드를 가입할 때와 유지할 때 나만의 노하우가 있어야 한다는 것이다. 그렇다면, 어떻게 학습할 수 있을까? 우선은 신문과 인터넷이라는 두 가지로 그 요령을 살펴보자.

경제신문 읽기는 재테크의 기본이다

필자의 치부를 말한다는 건 위험한 행동인데, 과거의 경험을 말하고 싶다. 대학교 1학년 때 경제학원론을 배울 때, 교수님께서 이런 말씀을 하셨다. 매일매일 경제신문을 무조건 읽으라는 것이다. 물론 그 교수님께 수강한 3개월 동안은 경제신문을 읽었다. 경제신문 활용법이 나와 있는 책도 사보면서, "높은 학점 획득"이라는 커다란 목표를 가지고, 교수님한테 의문점이 있으면 여쭈면서 살살거리며 읽었다. 물론 그 학기가 끝난 뒤에는 계속 읽기가 쉽지 않았지만, 그 3개월 동안 배운 것은 있다. 목적을 가지고 덤빈다는 것이 무척 소중하다는 사실을 깨달은 것이다.

필자가 경제신문사와 관련된 회사에 다니지만, 그때의 노하우를 잠깐 공개하고자 한다. 조금은 상충된 이해관계를 가지고 있기에 이러한 표현을 사용한다. 첫째, 그냥 신문을 읽는 것이 아니라, 준비물을 꼭 가지고 덤비는 것이다. 경제용어사전, 공책 한 권(컴퓨터 세상에 무슨 공책이냐고 하지만, 시장에 대한 감각을 익히기 위한 중요 신문기사 제목을 매일 적어보기 위한 것이다)을 준비하자.

신문기사를 읽을 때는 준비단계 → 감각 익히기 → 실전투자단계 순으로 단계별로 접근해보자.

가장 큰 전제는 계속 읽는 것이다. 물론 시간이 많이 투자되는 일이다. 신문을 그냥 훑어보더라도 1시간은 족히 걸린다. 물론 처음에는 기사의 의미를 알 수 없지만, 계속해서 보다 보면 정확히 맥을 짚어 읽을 수 있게 된다. 결국 기사의 행간까지도 간파하는 능력이 생기게 될 터이다.

이제 준비단계는 아래와 같은 3가지의 의미를 깨닫는 것이다.

첫째, 신문사는 비영리단체가 아니다.

신문사가 비영리단체가 아니라는 말은 가장 신뢰할 만한 객관적인 매체지만, 그들도 주장을 한다는 것이다. 캠페인이나 특별기획을 통해서 여론을 선도하며, 사설과 지면의 크기를 통해서 그들의 주장을 나타낸다.

재테크적 관점에서는 작은 크기를 통해서 나오는 특판상품이나, 기획기사의 첫 꼭지를 세밀하게 봐야 할 것이다. 기획기사는 첫 기사를 통해서 고객의 관심을 끌어야 하기에 첫 기사에 상당한 힘을 투여하며, 특판상품 역시 작은 지면이지만, 굉장히 유효한 정보이기 때문이다.

또한 신문사와 기자, 취재원의 이해관계를 잘 따져보고 그들이 처한 현실적인 상황을 반드시 고려해야 한다. 그래야 액면 그대로 기사를 믿는 어리석음에 빠지지 않는다. 내 돈이 걸린 이상, 자나 깨나 의심하고 이 내용이 정말 맞는지 시시콜콜 따져봐야 한다. 비판적으로 경제기사를 읽는 방법밖에 달리 돈을 지킬 길이 없다.

둘째, 기자가 모든 것을 다 아는 전문가는 아니다.

언론매체의 특성은 사실을 알리는 것이다. 하지만 정확한 시장상황은 전문가만이 알 수 있는 것이다. 지면의 한계상 잠깐 흘린 말이 어쩌면 굉장히 중요한 이야기이며, 놓쳤던 숫자나 반올림이 놀라운 결과를 가져올 수 있기 때문이다.

재테크적 관점에서는 그 근거를 직접 확인해볼 필요가 있다. 유용한 정보라면 직접 해당하는 기관에 전화해서 확인하자. 기사 외에 크나큰 정보를 얻을 수도 있을 것이다.

셋째, 신문기사는 가장 빠른 소식이 아니다.

신문기사는 기자가 검토하고, 데스크를 통해 또 한 번 검토한다. 굉장히 중요한 재테크 정보도 확인이라는 과정을 거친다면, 빠른 소식은 아닐 것이다. 모든 신문 기사는 어제 일어난 일을 다룬다. 우리가 신문을 받아보는 날은 사건이 일어난 다음 날이란 사실을 잊지 말아야 한다. 결국 모든 기사가 과거형이지 현재진행형이나 미래형은 아니다. 그래서 과거를 반추하는 식으로 기사를 봐야 한다. 즉 확인작업으로만 보아야 할 것이다.

앞에서 말한 행간의 의미를 읽어야 한다는 것은 바로 결과가 아니라 과정을 통한 통찰이 필요한 것이다. 증권기사로 나온 결과는 산업면에서 나왔던 과정들이 '나비효과' 처럼 영향을 준 것이다. 증권에 성공하려면 산업면을 봐야 하는 것도 그 이유다. 이처럼 신문기사는 서로서로 연관이 있기 때문에 유념해서 보아야 한다.

두 번째, 감각 익히기 단계다. 이미 우리는 공책 한 권을 준비해 두었다. 일기형식으로 매일매일 기록해보자. 즉 종합주가지수와 코스닥, 환율이 얼마인지를 먼저 적어보는 것이다. 즉 경제지표를 기록하는 것이다. 그리고, 변동요인을 짧게 적어보자. 이는 신문의 시황을 보고, 요약해서 한 줄로 적으면 될 것이다.

이제 매일매일 본인이 중요하다고 생각했던 기사를 하나씩 선택해서 적어보자. 그리고 나만의 생각도 하나씩 적어보자. 3개월 이상만 되더라도 시장에 대한 나만의 시각이 생길 것이다.

세 번째, 실전투자단계이다. 앞에서의 감각 익히기는 행간의 의

미를 깨닫기 위한 훈련이다. 또한 시장상황을 객관적으로 볼 수 있는 방법인 것이다. 초급단계라면, 매일 뉴스 하나를 찍어서 이에 대한 반응 및 시장의 상황을 예측해보며, 이를 일기형식으로 기록해보고 어느 정도 자신 있다면 중·고급 단계를 실제에 이용하는 것이다.

인터넷은 정보의 바다지만, 나만의 노하우가 있다

인터넷이 정보의 바다라고 하지만, 많은 정보 속에서 궁금증과 호기심이 생긴다. 그러나 모든 일에는 우선 순위가 있는 법, 내가 가지고 있는 머리의 지식용량도 한계가 있기 때문에, 대다수 사람들이 관심 있는 사항에 대한 정확한 정보를 파악할 필요가 있다.

예를 들어, 최근의 압구정 근처의 아파트들이 1억 5천까지 가격이 상승하였다는 정보를 들었다고 하자. 관련 내용에 대하여 정보를 입수하려면, 부동산 커뮤니티가 활성화된, 닥터아파트(http://www.drapt.com/)나 부동산114(www.r114.co.kr)에 들어가 그쪽 커뮤니티를 이용하는 것이 좋은 방법이다. 주식도 똑같은 방법으로 적용할 수 있다. 역시 주식 커뮤니티로 유명한 곳인 팍스넷(www.Paxnet.co.kr)의 해당 종목의 주식동호회를 통하면 궁금한 점을 해결할 수 있다.

각 사이트의 뉴스 중 베스트클릭이나, 가장 많은 조회수를 기록한 사이트와 다음과 같은 토론광장의 핫이슈를 참조하는 것도 시류를 파악하는 좋은 방법이다. 이러한 예는 지면으로 보는 신문에도 적용할 수 있다. 일반적으로 신문은 지면의 크기, 1면의 내용이나 사설을 통해서 자기의 주장을 표현한다. 여론을 만들기 위해서, 이러한 방법을 사용하지만 이슈에 대한 파악 측면에서 도움이 된다.

경제에 적용해보면, 모네타의 토론광장을 이용하거나 경제신문을 볼 때 위에서 언급한 지면크기, 1면 내용, 헤드라인, 사설 등을 참조하는 것도 좋은 방법이다. 또한 이슈가 있을 때, 해설기사를 좀 더 분석해볼 필요가 있다. 이 경우 상담 시 제공하는 답변도 고객을 만족시키는 하나의 방법이다.

이제 인터넷에서 유용한 정보와 사이트를 쉽게 찾는 노하우를 하나씩 살펴보자.

첫 번째, 다양한 재테크 정보를 한눈에 보자

■ 금융포털을 이용하자

증권, 예·적금, 펀드, 주식 등 다양한 정보를 한곳에서 볼 수 있는 사이트가 있으니, 바로 모네타(www.moneta.co.kr)다. 2000년 머니오케이(www.moneyok.co.kr)와 이머니 (www.emoney.co.kr)가 금융포털로 출범한 이후 신한지주금융에서 만든 이모든(www.emoden.co.kr)이 금융포털다운 재테크 정보를 제공하였다. 하지만 '이모든'은 이미 사라졌고, 머니오케이와 이머니만 그 명맥을 유지하고 있다. 현재 SK텔레콤이 팍스넷을 M&A하여 삼성그룹 이재용 상무의 데뷔작이었던 재테크 정보의 웰시아 및 그 당시 카드정보 사이트인 수노이 등 여러 정보 사이트를 묶어서 출범했다. 초기에는 팍스넷이라는 증권정보 사이트까지 통합한 정보를 제공하였으나, 워낙 충성도가 높은 팍스넷의 회원들에 의해, 증권과 기타 금융정보를 구분하게 되었다. 모든 재테크 정보를 제공하고, 재테크 사이트 중 커뮤니티가 가장 막강하다는 특징을 가지고 있다. 모네타의 이용방법은 예·적금, 펀드, 대출 등의 각론적인 정보와 재테크 정보 등을 제공하는 사이트를 먼저 사용해보고, 재테크 강좌를 이용하는 등 순차적인 이용이 필요하다.

▶ 모네타(www. moneta.co.kr)

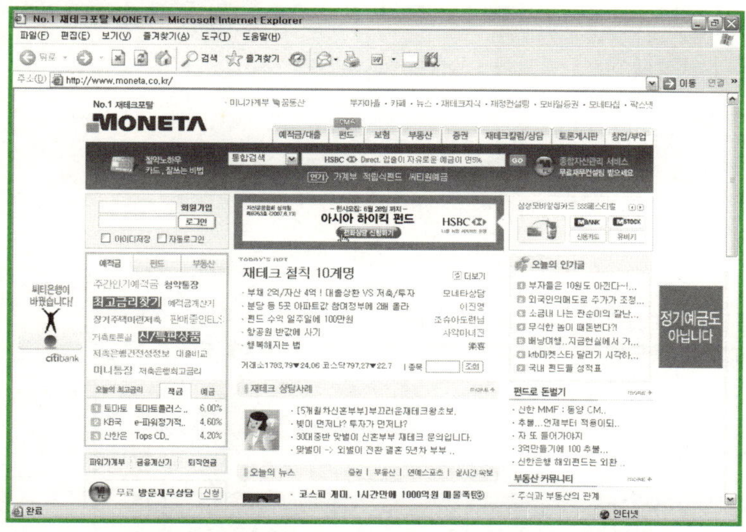

■ 포털 안의 금융포털을 이용하자!

금융포털 사이트가 내부적 및 외부적인 상황에 의해 그 성장이 약간 멈췄을 때, 대표적인 포털사이트인 다음과 네이버는 회원 수와 자금을 기반으로 포털 안의 금융포털을 이룩하게 되었다.

다음 금융플라자(http://home.finance.daum.net/)는 본래 국내 최초의 금융포털인 머니오케이에서 그 출발을 하였다. 초기 머니오케이가 그 당시 포털의 1인자인 다음커뮤니케이션즈와 전자상거래 솔루션업체인 파이언소프트가 공동출자하여 출범하였는데, 그 틀과 기초가 바로 다음 금융플라자가 된 것이다. 2001년부터 다음에서 직접 운영하였다. 다음 금융플라자의 장점은 국내 최고의 재테크 카페인 10년의 10억 만들기와 짠돌이 카페의 다양한 노하우를 볼 수 있으며, 다음 자체의 전문가 그룹 '머니닥터'의 재테크 칼럼과 재정상담 전문가들의 양질의 재무상담 서비스를 무료로 이용할 수 있다는 점이다.

▶ 다음 금융플라자(http://home.finance.daum.net/)

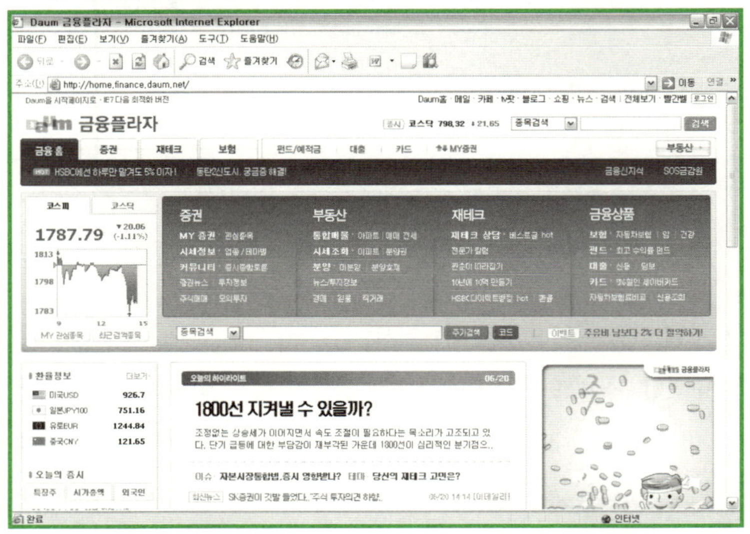

  재테크! 무작정 할 수 있나? 기본원칙은 알아야지

네이버의 금융(http://money.naver.com/)은 다음이 통합적인 섹션으로 접근한 전략을 채택한 것과 다르게 증권, 부동산, 은행, 보험 등 독자적인 사이트의 형태를 취한다. 네이버 금융의 장점은 은행 섹션에서 펀드 등의 정확한 정보와 함께, 예금·펀드·대출 교실, 금융상품 가이드와 검색, 펀드투자 가이드 및 펀드상품에 관한 정보, 재테크 전략, 목표자금설계 등 다양한 정보를 제공한다. 특히 네이버 금융의 가장 큰 장점은 지식IN 검색과의 연계이다. 금융전문가의 정보뿐만 아니라, 포괄적으로 축적된 지식IN 검색과의 연결로 다양한 정보를 얻을 수 있다.

▶ 네이버 금융(http://money.naver.com/)

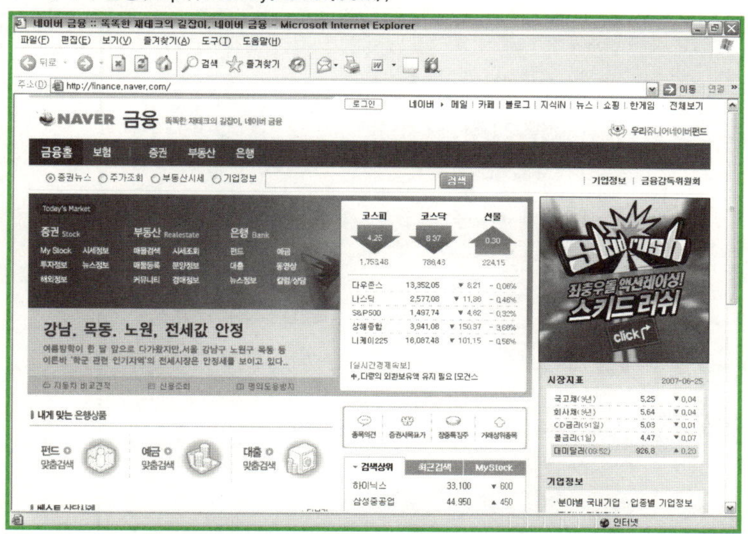

■ 뉴스만 있는 것이 아니다, 매경(www.mk.co.kr)

신문사의 사이트들이 주로 뉴스를 중심으로 제공한다면, 매경의 사이트는 센터전략을 취하고 있다. 뉴스센터에서 고유의 매일경제신문의 정보를 얻을 수 있을 뿐 아니라 증권센터, 금융센터, 부동산센터, 창업센터에서 다양한 정보를 얻을 수 있다. 특히 금융센터의 경우 뱅킹, 펀드, 카드 대출, 보험 등의 직관적인 상품정보와 FP센터, 재테크 교실, 재테크 컨설팅, 계좌통합가계부인 종합자산관리, 신용정보 등 고객이 필요로 하는 다양한 정보를 한곳에서 얻을 수 있다는 장점이 있다.

▶ 매경(www.mk.co.kr)

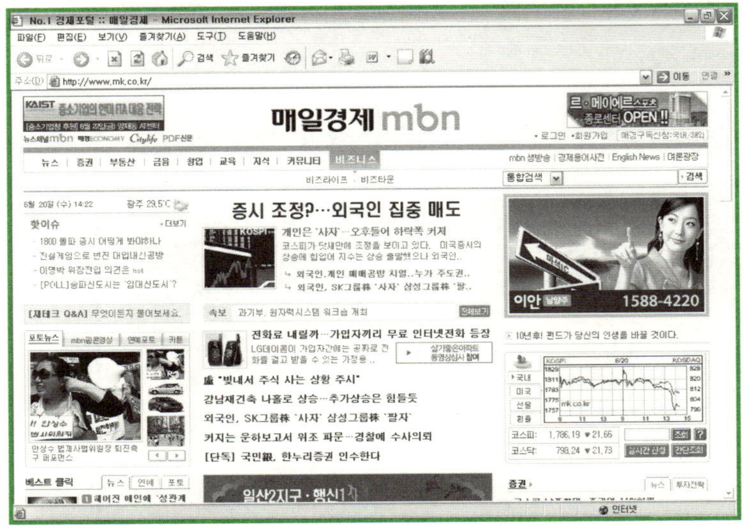

금융상품의 가입 및 정보를 분석하는 요령은 한마디로, Cross-Checking이라 할 수 있다. 여러 금융상품에 대한 정보를 찾을 때, 그 사이트의 정보가 정확하다는 법이 없다. 사람이 하는 일은 완벽한 것이 없다는 것을 꼭 기억해야 한다. 이 경우 Cross-Checking이 적용되어야 한다. 금융상품의 비교공시가 '금융감독원의 금융지식센터'에 나온 자료만의 확인으로는 2% 정도 부족한 감이 있다. 이는 혹시나 업데이트되지 않은 정보가 있을 수 있기 때문이다. 여기에 적용할 수 있는 것이 단계적 분석방법이다.

1단계 모네타 등 금융포털의 금융상품 비교, 이용하기 → 2단계 금융감독원 금융지식센터의 금리 비교, 이용하기 → 3단계 금리비교표에서 해당 금융기관의 정보를 클릭한 후 해당 금융상품을 선택하는 방법을 쓴다면, 보다 정확하게 금융정보를 확인할 수 있을 것이다.

■ 공식적인 금융상품 정보 얻기 : 금융감독원 금융지식센터

2004년 정부는 공식적인 금융상품의 정보에 대한 공시를 제공하게 된다. 이러한 정책의 산물이 바로, 금융감독원의 금융지식센터이다.

이 사이트에서 금융전문용어와 자동차보험에 관한 소비자 정보, 여러 금융상품의 비교공시, 금융정보 통계서비스 등의 다양한 정보를 얻을 수 있다.

여기서 금융상품 비교공시를 보면, 은행연합회, 증권업협회, 보

험·카드사 수수료율, 상호저축은행의 상품정보 등의 비교공시 공식 사이트와의 연결을 통해서, 한곳에서 다양한 정보를 확인할 수 있다.

▶ 금융상품 비교공시

구분	공시주체	주요 비교공시 내용
은행	은행연합회	여수신 금리
		수수료율
증권	증권업협회	위탁매매수수료율
		예탁금이용료율
자산운용	자산운용협회	기준가격 및 등락률
		실현수익률
보험	생명보험협회	생명보험상품 비교공시
	손해보험협회	장기손해보험 비교공시
		자동차보험 가격산출시스템
	금융감독원	자동차보험료
비은행	여신금융협회	카드사별 수수료율
		업종별 가맹점 표준 수수료율
		할부금융상품 비교공시
	상호저축은행중앙회	수신금리
연금	은행연합회	연금신탁 / 퇴직신탁
	생명보험협회	연금신탁 / 퇴직보험
	대한손해보험협회	연금보험 / 퇴직보험
	자산운용협회	연금상품

 제2장 재테크! 무작정 할 수 있나? 기본원칙은 알아야지

| 사례 1 | 최고 금리상품을 찾아라!

수많은 은행들이 있다. 일반적으로는 거래하는 은행에 적금을 넣을 때, 그 은행에서 금리를 확인한 후 할 수 있었다. 이제는 인터넷으로 모든 금융기관의 금리를 확인할 수 있게 된 것이다. 2,000년부터 금융포탈 머니오케이와 이머니에서 이러한 금리를 확인할 수 있었으며, 이제는 모네타에서도 비교할 수 있게 되었다.

1단계 : 모네타에서 금융상품 정보 얻기

여러분에게 추천드리고 싶은 방법은 모네타(http://finance.moneta.co.kr)에서 금융상품을 검색한 후 은행연합회의 홈페이지에서 다시 한 번 확인하는 작업을 거치는 것이다. 그 이유는 바로 은행연합회가 가진 공정성 때문이다. 금융감독원에 의해 은행연합회가 전체 금융상품에 대한 공시를 하게 하였다. 은행에 관한 정보를 담당하게 된 곳이 바로, 은행연합회이기 때문이다. 즉 공정성 측면에서 그 장점이 있으며, 해당 상품을 클릭하면, 해당 은행에서 제시하는 정보를 볼 수 있는 장점도 같이 가지고 있다.

2단계 : 은행연합회에서 금리 정보 얻기

은행연합회(http://www.kfb.or.kr)에서는 예·적금, 대출, 신탁금리와 예금, 대출, 환전 수수료 등 모든 은행들의 상품정보를 얻을 수 있다. 더불어 은행의 신상품에 관한 정보와 은행에서 제시하는 보도자료 즉 뉴스도 함께 볼 수 있다. 좀 더 부연하자면, 예금금리의 경우 은행에서 판매하는 정기예금, 정기적금, 상호부금, 주택청약예금, 주택청약부금, 장기주택마련저축, 개인 MMDA, 법인 MMDA 등의 금리를 전체 은행들의 상품으로 1, 3, 6, 12, 24, 36개월로 알 수 있다. 대출금리의 경우 부동산담보대출과 신용대출로 금리결정방식, 최고·최저 대출기간 등의 정보를 비교할 수 있다. 그리고 최근 '주택담보대출상품 비교공시' 컨텐츠가 신설되어 도움을 주고 있다. 예금수수료도 송금수수료, 자동화기기 인출수수료, 기타수수료의 정보를 비교할 수 있으며, 대출수수료의 경우 담보조사료, 채무인수료, 개인신용평가료, 부채증명서 발급수수료 등을 하나의 표로써 볼 수 있다. 또한 신협(www.cu.co.kr), 새마을금고연합회(www.kfcc.co.kr), 상호저축은행(www.fsb.or.kr)의 사이트도 참조하자. 3단계의 경우 위의 은행연합회의 금리 조회 후 상품을 누르면 해당 금융기관의 상품으로 이동하므로, 최종적으로 완벽한 정보를 얻을 수 있다.

▶ 은행연합회(http://www.kfb.or.kr)

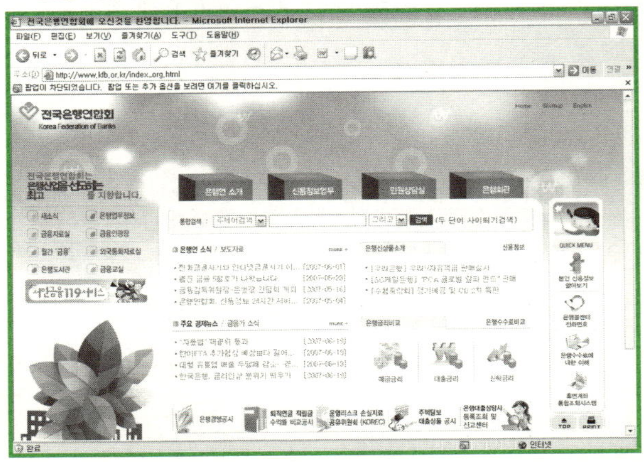

이전의 은행들이 예·적금이나 대출의 판매에만 모든 역량을 집중했다면, 이제는 증권사의 전유물이었던 펀드 상품판매에도 그 영업분야를 넓혀오기 시작했다. 특히 변액보험을 판매하는 설계사의 입장에서 이러한 정보에 대한 필요성은 당연한 귀결이다. 펀드에 관한 정보도 앞에서 살펴본 바와 같이 두 가지 단계로 알아보자.

1단계 : 펀드평가기관에서의 정보 확인

첫번째로 펀드평가기관에서 정보를 확인하는 방법이다. 펀드평가회사의 경우 제로인(www.funddoctor.co.kr), 한국펀드평가(http://www.fundzone.co.kr), 모닝스타(www.morningstar.co.kr)가 있다. 펀드평가기관에서 얻을 수 있는 정보는 한 주 동안의 펀드에 대한 동향보고서, 기간별 최고 실적 펀드, 펀드 신상품 정보, 세부적인 펀드 상품들의 내용 등 펀드 전반에 관한 정보를 제공받을 수 있다. 또한 펀드에 관한 기본 지식 등도 함께 얻을 수 있다. 이러한 펀드에 대한 정보는 앞에서 언급한 금융포털에서도 이들 펀드평가기관에 컨텐츠를 받아 제공하고 있는데, 매경의 경우 모닝스타에서, 다음과 야후의 경우 제로인에서 정보를 제공받고 있으므로, 금융포탈에서도 똑같은 정보를 얻을 수 있다.

▶ 제로인(www.funddoctor.co.kr)

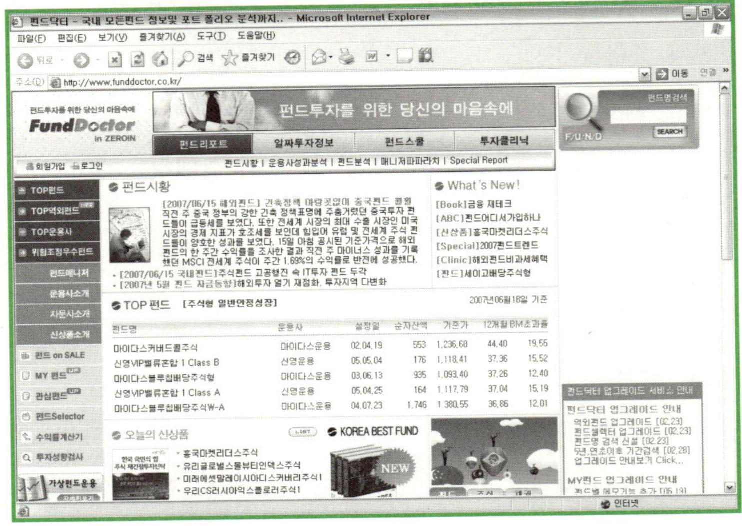

2단계 : 자산운용협회의 홈페이지 확인

두 번째로, 자산운용협회의 홈페이지(http://www.amak.or.kr/)에서 자세한 수익률을 확인하는 방법이다. 이미 앞에서 언급한 바와 같이 금융감독원에서 펀드 등의 정보를 공시하는 곳으로 지정되어 있어 공정성 측면에서 신뢰할 수 있다. 이곳에서는 궁금해하는 해당 펀드의 실현수익률을 기준가격 및 운용실적에서 검색하여 살펴볼 수 있다. 또한 최신자료에서 신문기사 중 매일 펀드 관련기사를 PDF파일로 다운로드하여 한눈에 볼 수 있고, 펀드의 동향을 일별로 살펴볼 수 있는 장점이 있다. 이러한 두 가지 단계를 거치는 이유는 혹시나 있을 수 있는 게재 상의 오류를 막을 수 있기 때문이다. 또한 해당 펀드에 대한 정보는 각 자산운용사의 홈페이지에서 다시 한 번 살펴보아야 할 것이다.

▶ 자산운용협회(http://www.amak.or.kr/)

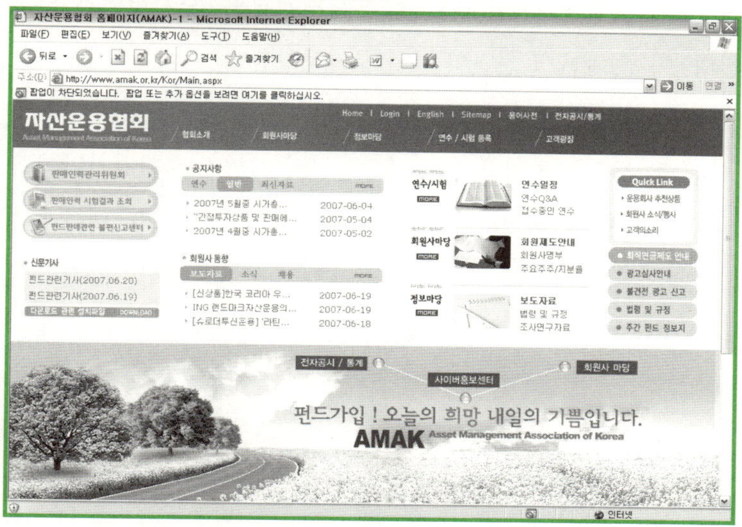

셋째, 나의 주거래 은행사이트도 잘만 하면 102% 활용할 수 있다. 재테크 정보를 먼 곳에서 찾을 필요가 없다. 바로, 우리가 이용하는 금융기관의 사이트 안에도, 다양한 정보를 고객서비스 차원에서 제공하고 있기 때문이다. 여러분의 주거래 은행은 어디인가? 우리는 은행의 홈페이지를 단순히 인터넷뱅킹의 이용 장소로만 이용하는 경우가 많다. 하지만, 은행의 홈페이지는 거대한 자금의 투입으로, 다양한 서비스를 제공하고 있기 때문이다.

우리은행의 홈페이지를 보자. 인터넷뱅킹이 역시 주가 되겠지만, 재테크라는 메뉴를 통해, 증권, 금융, 세무의 정보를 제공하고 있다. 이 안의 재테크 정보에는 다른 재테크 포털 등의 칼럼니스트에 비해 상대적으로 적은 칼럼니스트가 제공되는 게 흠이지만, 재테크

진단, 모델 포트폴리오, 개인신용회복 지원제도 등의 서비스를 제
공한다. 이 중 재테크 진단의 나의 투자성향진단, 주식투자진단, 우
리집 재무진단, 금융지능테스트 등의 서비스는 주기적으로 이용해
볼 만한 정보이다. 특히 우리집 재무진단의 서비스는 건강진단처럼
이용해보자. 또한 우리은행 제공 서비스의 백미인 인터넷가계부
My eClips는 계좌통합, 자동자산평가기능과 계좌통합(AA)기능을
가지고 있어 다른 금융기관의 정보까지 한꺼번에 관리할 수 있다.

▶ 우리은행

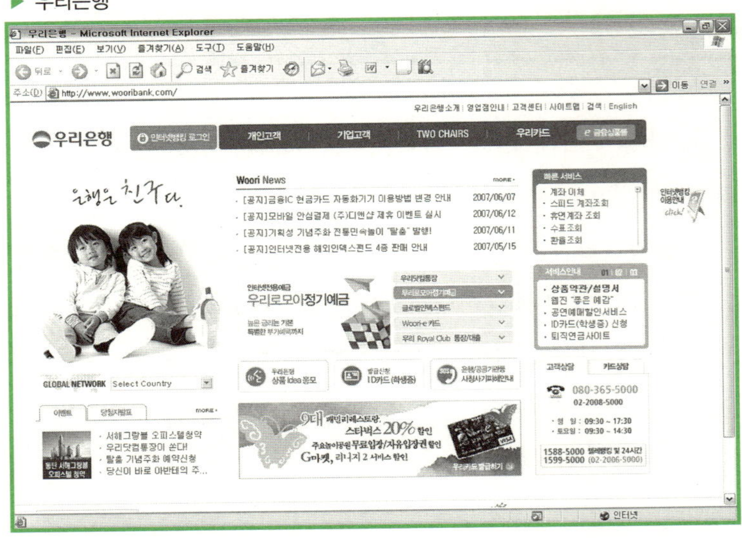

국민은행의 경우 재테크 관련 정보를 재테크라는 메뉴를 통해서
제공한다. 가계부, 재테크 플랜, 재테크 정보, 재테크 상담, 금융계
산기, 계좌통합 등의 서비스를 제공하는데, 국민은행 서비스의 장

점은 목적별 재테크 플랜이 그 백미라 할 수 있다. 이외에도, 예·적금 계산기, 대출계산기, 환율계산기, 부동산계산기 등의 금융계산기도 특기할 만하다. 또 요즘 이슈로 떠오른 퇴직연금을 독립적으로 메뉴화시켜서 제공한다. 여기에는 투자가이드, 상품안내 등 퇴직연금에 궁금한 사항을 쉽게 풀 수 있게 제공한다.

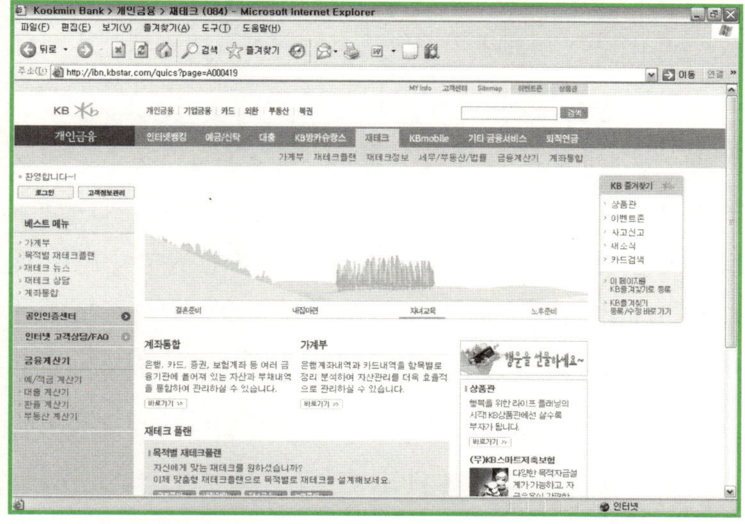

신한은행의 경우 프라이빗뱅크라는 메뉴를 통해, 프라이빗뱅크의 장점과 종합재테크, 증권, 경매, 세무, 라이프(레저, 웰빙) 등 재테크에 필요한 여러 가지 정보를 제공한다. 또한 사이트 메뉴의 한 곳에서 다양한 정보를 받을 수 있다는 점이 장점이라 할 수 있다.

특히 재테크 칼럼의 경우 금융, 종합재테크, 부동산, 세무칼럼으로 구분하여 한곳에서 정리하였다는 점에서 그 이점이 있다. 또한 신한 부동산 네트워크의 경우 부동산에 관심 있는 고객에게 중계수수료 계산, 건축물면적 계산 등의 부동산계산기와 시황, 정책자료 등 다양한 정보를 제공하므로 참고할 만하다.

이외에도 제일은행, 외환은행 등 모든 은행이 고객들에게 인터넷 뱅킹 외에도 다양한 서비스를 제공하고 있다. 그러므로 주거래 은행을 멀리서 찾는 것보다 자주 이용하는 은행으로 선택하여 서비스를 최대한 사용하는 것이 하나의 방법이다.

인터넷의 시대다 보니, 수많은 정보의 물결에 놓여있다. 그만큼 많은 정보에 노출되어 있는 것이 사실이다. 유용한 정보란, 나에게 도움이 되는 것이어야 하며, 그 양도 너무 많으면 부담이 되는 것이 사실이다. 본 장에서 여러분에게 추천해 드리는 사이트 역시 이러한 정보의 노출량으로 부담이 될 수도 있지 않을까 하는 노파심이 든다. 그러나, 모르는 것보다는 아는 것이 낫다는 생각에 이러한 정보를 주게 되었다. 이제 과연 재테크 정보 사이트들의 수많은 정보를 어떻게 나에게 맞추어 이용할지 방법을 고민해보자.

03

재테크! 한 주먹으로 시작한다

이제 본격적인 재테크에 돌입해보자.
금융시장의 변화에 대한 재테크 전략을 살펴보자.

01 금융슈퍼마켓에서 금맥 찾기

이제 본격적인 재테크에 돌입해보자. 금융기관에는 은행, 증권, 보험, 상호저축은행, 새마을금고, 자산운용사, 투신운용사, 종합금융사 등 그 종류도 많다. 거기에서 파는 상품들이 더 많은 것은 말할 필요도 없이 자명한 사실이다. 여기서, 우리가 기억해야 할 사항은 바로, 각 금융기관은 저마다 금융기관의 특징이 있고, 그들의 상품에도 그 특징이 조금씩 드러난다는 것이다. 요즘은 은행에서 모든 금융상품이 취급되고 있지만, 직접 발품을 판다면, 해당 금융기관의 특징과 혜택을 고스란히 받을 수 있다는 것을 명심해야 한다.

현재 판매되고 있는 금융상품을 모두 아는 것은 금융전문가도 힘든 일이다. 그 상품의 특징을 찾아내 유형별로 나누는 것은 전문가의 몫이다. 소비자는 그렇게까지 할 필요가 없다. 내가 원하는 것만 알면 된다. 예를 들어보자. 슈퍼마켓에 가면 우리는 안내표지판을 보지 않아도 어느 골목에 공산품이 있고, 어디쯤 식품들이 있고, 음료수 냉장고는 어디에 있는지 그냥 안다. 찾는 물건이 흔한 것이 아니라면 매니저에게 물으면 쉽게 찾아준다.

금융상품도 마찬가지다. 그냥 한눈에 알 수 있으면 좋으련만 눈에 보이지 않으니 헷갈리는 것뿐이다. 바쁜 은행창구에서 일일이 물어보기는 뒷사람 보기 민망하고, 프라이빗뱅크 서비스는 돈 많은 사람이나 받아줄 것 같아 선뜻 들어설 수도 없다. 그렇다고 직원이 권해주는 대로 따라 하기는 뭔가 내키지 않는다.

내가 돈을 맡기겠다는데 공부까지 해야 되나? 그렇다. 공부해야 한다. 금융상품 공부는 어려운 게 아니다. 슈퍼에서 헤매지 않는 이유는 슈퍼를 자주 가기 때문이다. 금융상품도 마찬가지다. 은행 창구에 있는 리플릿, 보험회사 광고, 신문 경제기사만 자주 보아도 저절로 알게 된다.

재테크! 당장 저질러야겠는데 마음이 급하다면, 방법이 있다. 금융상품 활용원칙을 세우면 된다. 원칙을 세우면 금융슈퍼마켓에서 금맥 찾는 건 일도 아니다.

2008년부터 이러한 금융시장에도 큰 변화가 온다. 이러한 변화와 그 변화에 따른 재테크 전략을 잠시 살펴보자.

은행에서 보험을 팔고(방카슈랑스), 회사에서 알아서 퇴직금을 주었는데 이제는 보험사, 은행, 증권에서 퇴직연금이라는 것을 가입하라고 하고, 보험설계사가 보험뿐만 아니라 펀드를 판매한다고 하고, 통합보험, 종합보험이라는 헷갈리는 보험도 판매가 되고 있다. 뭔가 달라지고 있는데, 과연 무엇이 달라지고 있는 걸까?

2007년 4월 국회 재정경제위원회의 발표는 이러한 제도변화의 정점에 있는 "자본시장통합법"의 시행을 말하고 있다. 자본시장통합법은 지금까지 은행, 증권, 보험사라는 해당 금융기관의 성격에 맞게 금융상품이 판매되었다면, 이제는 금융기관이 아닌 상품에 초점을 맞춰서 어디서든지 가입할 수 있게 바뀐 것이다. 즉 업종의 벽이 사라진 것이다.

그렇다면, 과연 우리에게는 어떤 이익이 있을까? 바로 두 가지의 골라 먹는 재미가 생기는 것이다. 첫째, 상품을 선택할 수 있는 재미가 생긴다. 주가지수연동증권(ELS)뿐만 아니라, 특정펀드의 수익률에 연계하여 원리금을 지급하는 펀드연계증권(FLN)이라는 상품도 나오고, 재해나 범죄발생률, 날씨를 기초로 하는 파생상품 등 신상품들이 봇물처럼 터져 나오기 때문이다. 둘째, 은행, 증권, 보험사에서 내가 원하는 투자상품과 판매사를 골라서 가입할 수 있는 재미도 생기게 된 것이다.

2008년에 시행될 자본통합법은 이러한 재미뿐만 아니라, 위험 역시 내포되어 있다. 많은 신상품들은 우리가 알고 있는 금융지식을 넘어선 더 많은 금융상품에 대한 학습을 요구하며, 이전보다 수익이 커질 수 있지만, 투자에 대한 위험도 역시 더욱더 커지게 된다.

자본시장통합법의 시행은 투자자가 본인의 투자목적, 재산상태,

투자경험에 맞는 상품을 권유받을 때 정확한 검증과 판단을 해야
한다. 즉 상품 권유 시 그냥 가입하는 것이 아니라, "돌다리 두드리
기" 즉 상품에 대한 정확한 정보와 검토를 통해 가입해야 할 것이
다. 이제 더욱더 많은 공부가 필요하게 된 자본시장통합법은 이익
도 크지만, 손실도 크다는 것을 잊지 말자. 아무리 투자자보호가 선
진화되었다고 하지만, 결국 손실은 투자자의 책임이기 때문이다.

1. Why?

금융회사별로, 각각 별도의 법률이 존재하고 증권과 파생상품의 종류에 대한 제한적인 열거와 금융업 간 겸영 금지제한으로 인한 선진투자은행에 비해 시너지 효과 부족으로 인한 제도적 제약의 극복으로 자본시장 및 획기적 발전을 뒷받침함. 즉 금융빅뱅을 유도하여 규제개혁과 투자자보호 강화를 통해 금융혁신과 경쟁을 촉진시키려 함.

2. How?

첫째, 증권, 자산운용사, 선물회사, 신탁회사, 부동산투자회사 등 금융기관별이 아니라 매매, 중개, 자산운용, 투자일임, 투자자문, 자산보관관리 등 기능별 규율체제로 변환 → 증권사의 대형화와 기능별 구분으로 인한 보험사, 증권 등 M&A 등의 몸집 불리기가 예상 → 투자자에게는 금융기관 선택의 폭이 커짐. 판매권유자제도 도입으로 내 자산을 관리해줄 수 있는 담당자 선택의 폭도 커짐.

둘째, 금융투자상품의 포괄주의 도입 → 다양한 금융상품의 출현이 가능해짐 → 투자자에게는 투자상품의 선택 폭이 커짐.

셋째, 금융투자업 간 겸영 허용 및 투자대상의 제한이 없는 펀드의 허용 및 결제·송금, 외·국환 업무 등 금융투자회사의 업무범위 확대 → 은행뿐 아니라 증권회사에서도 동일한 서비스를 받을 수 있음.

넷째, 실명의무 전면도입 및 투자자보호제도 선진화 → 불완전 판매 시 투자원본을 손해 본 경우 원본결손액을 손해액으로 추정 → 원하지 않은 투자권유는 거부하고 신고할 권리까지 얻을 수 있게 됨(이에 대하여는 법 개정이 끝날 때까지 약화될 수도 있음).

3. When?

2007년 4월 국회 재정경제위원회에서 공청회 및 법안심사를 논의 중이므로, 2008년에는 시행될 것으로 보이며, 유예기간의 도입으로, 최소 3년 정도는 금융기관들의 이합집산이 이루어질 것으로 보임.

02 금융상품 활용의 원칙

금융환경의 변화를 잠시 설명했지만, 두려워할 필요는 없다. 바로 금융상품 활용의 원칙을 파악하면, 충분히 이러한 변화에 대응할 수 있을 것이다.

우리나라 사람은 '3'이란 숫자를 좋아한다. 단군이 이 세상에 내려올 때 천부인 3개를 들고 풍백, 운사, 우사의 3인을 이끌고 내려온 이래로 '3'은 우리 민족에겐 행운의 숫자다. 승부도 삼세판으로 내고, 만세도 삼창을 한다. 모든 것을 세 가지로 압축하면 머리에 쏙쏙 들어와 기억도 잘 된다.

금융상품 활용원칙은 세 가지다. 첫째 금융상품 트렌드와 나의 상황 분석하기, 둘째 금융상품의 특징 세 가지 찾아내기(여기서도 셋), 셋째 역발상으로 금융상품을 뒤집어보기만 하면 된다. 그럼 내가 원하는 나만의 금융상품이 되는 것이다. 거기에 이름표를 붙여라.

제1원칙 금융상품 트렌드 이해와 재무상황 분석하기

금융상품은 크게 세 가지, 은행이 파는 예·적금, 보험사가 관장하는 생명보험과 손해보험, 주식거래로 나눌 수 있다. 금융상품을 선택하기 위해 은행, 보험회사, 증권회사를 가면 금융슈퍼마켓에 가는 것과 같다. 21세기 금융상품 트렌드의 특징은 퓨전이다. 금융슈퍼마켓이 퓨전상품들로 꽉 차 있는 것이다. 은행에서 보장성 상품을 팔기도 하고, 보험회사에도 만기 환급되는 예·적금 형태의 상품들이 있다. 또 증권회사에서는 주식만 파는 게 아니라 주식을 대신 사고팔면서 수익을 배당해주는 펀드라는 간접투자 상품들이 있다. 그 세 가지가 연계된 복합 상품들이 널려 있어 선택하기가 더 어렵게 느껴진다.

2장에서 배운 코스톨라니의 달걀모형과 이를 응용한 시골의사의 투자원칙으로 트렌드를 분석하자. 지금은 어느 시점인가. 한 달 후에는 시장이 어떻게 변할까? 두 눈 똑바로 뜨고 경제기사와 정부의 발표, 금융시장에 나오는 신상품을 살펴보면 더욱 쉽게 내가 원하는 상품을 찾을 수 있다.

금융상품의 트렌드를 분석할 때는 제일 먼저 정책자금의 동향부터 볼 일이다. 가장 유리한 상품이 틀림없다. 그런 상품들은 비과세라든가, 소득공제액이 크다든가 하는 정책적인 지원이 따르기

마련이다.

나의 재무상황 분석하기는 이미 2장에서 개념정리가 되었다. 재정목표를 수립하는 방법으로 나의 상황을 분석하고, 자산을 운용하는 원칙을 세워야 한다. 그렇게 되면 분산투자가 무엇인지 몰라도 저절로 여러 개의 통장을 갖게 된다.

내 인생에 찾아올 미래의 모든 이벤트와 현재 준비할 수 있는 것들을 동시에 준비하라는 것이다. 쉽게 말하면 라이프사이클에 걸맞게 목적자금을 설정하고 그에 맞는 금융상품을 활용하라. 살아가면서 필요한 자금은 보장자금, 은퇴 이전까지의 생활자금, 자녀교육자금, 자녀결혼자금, 주택마련자금, 노후자금, 부채상환자금, 긴급예비자금, 사후정리자금 등이다.

다른 자금일 경우 쉽게 짐작할 수 있으니 보장자금에 대해서만 먼저 살펴보자. 보장자금은 바로 조기사망이나 질병, 장해 등에 대비하는 것이다. 현재의 연령에 따라 각각 중점을 두어야 할 부분이 달라진다. 가족이 있는 사람이 사망할 경우 그 가족에게 남겨줄 부분이 된다. 또한 결혼을 하지 않은 사람이라면 교통사고나 질병 등에 걸릴 경우에 치료비 등으로 지금까지 모아놓은 모든 자금이 들어갈 수 있다. 이에 대한 대비 역시 보장자금이라 할 수 있다.

인생의 이벤트들을 동시에 준비해야 하는 이유는 현재 가장 중요하다고 생각되는 것에 올인(all-in)해서 준비할 경우, 그 자금에 대한 준비가 다 끝났다고 해도 그 다음으로 중요한 일들이 준비도 되지 않은 상태에서 바로 닥치기 때문이다.

예를 들어, 현재 주택을 마련하고 대출 자금이 있는 30대 김세중

씨 부부가 있다. 이 부부에게는 부채상환자금이 최우선이겠지만, 부채를 상환하는 데 월 소득의 대부분이 투입되었다면, 자녀가 성장하면서 지불해야 할 교육자금 등 다른 필요자금은 대출상환 뒤에 바로 닥쳐오는 이벤트가 된다. 물론 부채상환자금을 우선순위로 두면서, 다른 자금도 조금씩 준비한다면 어느 정도는 대비할 수 있을 것이다.

앞 장에서 살펴본 재무상황의 분석은 재정목표달성을 위한 자산관리 포트폴리오로 이어진다. 포트폴리오는 각각의 재무상황에 따라 당연히 달라진다. 자산과 부채의 규모, 인생의 목표 등이 모두 다르기 때문이다.

제2원칙 금융상품들의 특징을 세 가지만 찾아내기

금융상품을 안내하는 리플릿을 들여다보면 뭐 그리 복잡한 내용이 많은지 나중에 얼마의 이익을 낼 수 있다는 것인지 알기 어렵기 때문에 전문가가 옆에서 상담을 해주는 곳도 많다. 앞에서 말한 대로 어려운 금융상품의 경우라도 세 가지 특징만 뽑아보자.

CMA(Cash Management Account) 즉 현금관리계좌라는 말이다. 쉽게 설명하자면 일반 은행통장처럼 아무 때고 돈을 넣었다 뺐다 할 수 있는 수시입출금통장이다.

CMA의 특징을 세 가지 들어보자. 첫째, 하루를 맡겨도 연리 3% 내지 4%의 이자가 붙는다. 둘째, ATM(쉽게 말해 현금인출기)을 사용해도 수수료가 없다. 셋째, 종금사의 CMA는 5천만 원 내에서 원금이 보장된다. 증권사의 CMA는 MMF에 투자한 경우 수익이 배분되고, RP(Repurchase Agreement, 환매조건부채권)에 투자한 것은 고정 금리를 받을 수 있다. MMF나 RP는 몰라도 좋다. 수익배분형이 고정금리형보다는 위험도가 높다는 정도로 이해하면 된다.

특징을 세 가지로 정리해보면 CMA가 은행 예금보다 이자 수익이 높고, 현금인출기 수수료도 없으며 원금도 보장된다. 그렇다면 무조건 예금통장을 CMA로 하는 게 유리하네? 맞다. 유리하다. 당장 하나 만들 일이다.

제3원칙 역발상으로 금융상품 뒤집기

어머니가 소유하고 있는 집에서 함께 사는 외아들이라, 평생 주택을 구입해야 할 이유가 없다고 치자. 장기주택마련저축에 가입해야 할 이유가 없지만, 가입할 수 있는 자격은 있다. 그럴 때는 장기주택마련저축을 가입하여 다른 방식으로 그 자산을 운용하라는 말이다. 사실 이 정도는 말하지 않아도 누구나 할 줄 안다. 내게 유리한 건 누구보다 내가 제일 잘 아는 법이다. 하지만 자산관리 포트폴리오가 없으면 유리한 상품에 가입하더라도 이를 합리적으로 운용할 능력이 없다.

그럴 땐 자신의 재정목표를 돌아보자. 지금부터 7년 후 내 인생의 이벤트는 무엇인가? 예를 들어 현재 1살인 자녀가 있으면 초등학교에 들어갈 나이가 될 것이고, 5학년이라면 7년 뒤에는 대학에 들어가게 될 것이고, 다 컸다면 결혼할 나이가 될 것이다. 이런 경우 장기주택마련저축은 만기에 이를 교육자금, 결혼자금으로 활용할 수도 있다는 말이 된다.

변액보험은 은퇴자금, MMF는 혼수구입비, 중국펀드에는 둘째 결혼비용, 이런 식으로 자금사용처에 따라 금융상품을 활용하라는 뜻이다. 역발상으로 금융상품을 뒤집어보라는 말은 이렇게 나의 씀씀이 계획에 맞게 금융상품을 운용하라는 말이다.

■ 화룡점정! 이름표를 붙여라

나의 인생계획에 맞게 금융상품을 활용하면서 마지막으로 할 일은 이름표를 다는 일이다. 통장 겉면에 아예 첫아이 교육비, 변액 유니버셜보험의 경우 노후 준비자금 등의 이름표를 붙이라는 말이다. 겉면에 쓰기가 창피하다면 맨 뒷장에 써 붙여라. 이름표를 붙이면 그 상품은 완벽한 나의 자산관리 프로그램에 속하게 된다. 중도에 해지할 일이 생기더라도 '이 돈은 나중에 이렇게 써야 하는데', '만일 해약하면 나중에 무엇으로 때우지?' 하며 한 번 더 생각하게 되고, 유리한 상품을 계속 유지할 수 있게 된다. 더 나아가 나의 자산관리 포트폴리오가 전면 수정되거나 어떤 장애에 휘둘리는 일이 줄어들게 된다.

03 눈 뭉치 만들기 (종자돈 만들기) 요령

본격적인 재테크에 들어갈 때, 꼭 기억해야 할 사항이 있다. 이미 언급한 보장자금, 생활자금, 긴급예비자금, 자녀교육자금, 자녀결혼자금, 주택마련자금, 노후자금, 부채상환자금, 사후정리자금 등으로 구분하여 대비하는 것이다. 이미 언급한 이름표는 여기에 본인만의 목표 및 이벤트를 추가하면 된다. 전체를 정리한다는 관점에서 단계별로 정리해보자.

1단계 : 매월 현금흐름에 대한 분석

눈 뭉치 만들기를 바꿔 표현하면 매월의 수입, 지출과 관련이 있다. 2장에서 설명한 Double T 그리기에서 현금흐름표를 만들었다면 이미 알고 있을 것이다. 이 표를 만들기 위해서는 이미 언급한 대로, 한 달 정도의 가계부 작성이 필수라고 이미 강조하였다. 흔히 수입 이외에 지출이라고 생각되는 것에는 소비성 지출과 매월 자신을 위한 자기개발이나, 저축, 투자 등의 투자성 지출이 있다. 이를 통해서, 현재의 잉여자금을 뽑을 수 있고, 이를 금융상품을 이용하여 새롭게 투자할 수 있는 것이다.

먼저 필수적인 자금들과 이용할 수 있는 상품들을 정리해보자.

▶ 필요자금별 상품 군

필요자금	기간	이용할 수 있는 상품
보장자금 / 사후정리자금	평생	- 사망 및 가족을 위한 보장 : 종신보험, 정기보험 - 상해 및 질병을 위한 보장 : 통합보험, 종합보험을 통한 설계, 민영의료보험의 이용 - 보장보완을 위한 상품 : 여성특화특약, 암 보험 등의 추가
생활자금	평생	인터넷전용통장 CMA(수시입출금기능 이용)
긴급예비자금	1~3개월	MMF CMA(수시입금기능만 이용)
자녀교육자금	자녀의 나이 고려 (5~10년)	장기주택마련펀드 성장형 및 배당형 주식펀드, 해외펀드
자녀결혼자금	자녀의 나이 고려 (10~15년)	주식형 적립식펀드, 해외펀드, 변액유니버설보험(성장형)

| 노후준비자금 | 은퇴연령 고려
(10~15년) | 유니버설보험
변액유니버설보험
변액연금보험
연금형 펀드(증권사 판매)
연금저축 |
| 부채상환자금 | 신용부채 등은
대출 갈아타기 | 모기지론 등의 상품이용 및 일부의 상환이
목표 |

2단계 : 보장자금과 긴급예비자금 갖추기

여러 필요자금 중 보장자금과 긴급예비자금은 가장 먼저 이루어져야 한다. 혹시나 모를 긴급사태가 발생하면 세워놓은 모든 재테크 계획이 망가질 수 있기 때문이다. 이는 목돈 만들기의 가장 필수적 기본조건이다.

3단계 : 필요자금 동시에 준비하기

위에서 언급한 필수적인 자금들은 각자의 상황에 따라 비율이 바뀔 수 있고, 취사선택할 수 있다. 즉 자녀교육자금, 자녀결혼자금 등은 둘 중 선택하여 뺄 수 있지만, 나머지는 동시에 추진하는 것이 좋다. 왜냐하면, 인생은 철학적인 말로 계속 흐른다고 표현할 수 있다. 멈추지 않는 인생에서 현재 가장 중요할 수 있는 대출상환이 끝난 후에는 교육자금 등이 인생의 흐름을 타고 닥쳐오기 때문이다. 정리하면, 현재 얼마까지 저축, 곧 준비할 수 있는지에 대한 상황파악이 먼저 이루어져야 한다. 그리고, 현재 우선해야 할 것을 정하고, 세 번째로 대출상환비율은 가장 높이되, 나머지 이벤트도 동시에 준비해야 할 것이다.

04 먼저 위험에 대비하라

　앞에서 살펴본 금융상품의 활용원칙은 모든 금융상품에 적용될 수 있다. 이미 우리는 인생전반에 필요한 자금을 보장자금, 은퇴이전까지의 생활자금, 자녀교육자금, 자녀결혼자금, 주택마련자금, 노후자금, 부채상환자금, 긴급예비자금, 사후정리자금 등으로 정리하였으니, 여기에 꼭 알아야 할 금융상품을 적용하면 될 것이다. 앞 절에서 언급한 눈 뭉치 만들기 요령 중 가장 먼저인 보장자금에 대한 준비를 위한 필수적인 상품들을 먼저 살펴보자.

어느 기러기 아빠의 죽음

　2003년 3월 25일 새벽 학계에서 촉망받던 교수 한 사람이 갑자기 죽었다. 부인과 두 아들을 외국에 남겨둔 채 국내에서 홀로 '기러기 아빠' 생활을 하던 사람이었다. 연구안식년을 맞아 가족들과 함께 미국 워싱턴으로 떠났다가 혼자 귀국한 뒤 기러기 아빠 생활을 하고 있었다. 그는 평상복 차림으로 응접실 소파에 가만히 앉은 채 숨져있었다고 한다.

꼭 외로운 생활을 하는 기러기 아빠가 아니더라도 우리나라의 40대는 다른 세대에 비하여 더 많은 부담을 지고 살아가고 있다. 40대 남성은 직장에서는 위아래로부터 압박을 받는 중견간부로, 가정에서는 학교에 다니는 자녀를 둔 가장으로서 사회적 중압감이 가장 큰 시기에 진입하게 되지만 자신의 몸조차 제대로 돌볼 여유가 없다. 40대는 편히 쉬어야 할 집안에서조차 가장으로서의 권위보다는 책임감에 사로잡혀 있다.

일반적으로 남성이 여성보다 강하다고 하지만 40대 남성의 사망률은 여성의 3배 이상이며 평균 연령도 남성이 여성보다 7년 이상 짧다. 남성이 여성보다 자신의 건강에 대한 관심이 적고 술 담배와 같은 기호품을 더 많이 사용하며 활동량이 많기 때문에 사고 위험도 높아진다고 한다.

앞에서 이야기한 교수의 돌연사 원인은 "심장병"으로 추정되고 있다. 심장병뿐만 아니라 여러 종류의 성인병이 우리를 위협하고 있다.

재테크 이전에 건강을 챙길 일이다. 건강을 잃으면 온 집안이 기울게 된다. 오죽하면 '우환'이라고 했을까? 우리나라는 이미 고령화 사회에 진입해 있고, 앞으로 인간의 수명은 더욱 늘어날 전망이다. 과거에는 오래 사는 것이 축복이었지만 이제는 아니다. 오래, 건강하게, 윤택하게 사는 것, 그것이 화두인 세상이다.

위의 기러기 아빠는 벌어놓은 돈은 많았을까? 생명보험은 있었을까? 그 가족들은 어떻게 되었을까? 기러기 아빠의 사망으로 더 이상의 소득원은 없을까? 만일 내게 그런 일이 생긴다면 나의 가족은 어떻게 될까? 상상하면 끔찍하다.

일단은 위험에 대비하라. 나의 유고 시에 가족의 미래에 대한 보장은 당연히 있어야 한다. 그러한 보장의 의미에서 보험이 갖는 비중을 무시할 수 없다. 왜냐하면 나는 아직 부자가 아니기 때문이다.

재테크? 미래의 위험요소를 제거한 뒤에 할 일이다

위험을 대비하기 위해 보험 얘기를 꺼냈으니 금융상품 가운데 보장성 보험에 대해 먼저 알아보자. 보험에도 종류가 있다. 사람의 생사에 관한 사고로 인해 초래되는 경제적 손실을 보전하기 위한 제도로 성립한 생명보험, 사고 발생의 객체가 사람의 생명이 아니라 재산일 경우는 손해보험이라 할 수 있다. 이 두 보험의 중간에 위치한 보험이 바로 제3보험이라 할 수 있다. 흔히 제3보험은 상해보험, 질병보험, 간병보험이 해당된다.

어려운 정의와 분류보다는 잘못 알고 있는 상식을 중심으로 다시 분류해보자. 흔히 보험사에서 팔면 모두 위험을 대비하는 보장상품이라고 잘못 알고 있다. 보험에는 우리가 알고 있는 보장성 보험과, 저축성 보험, 투자성 보험이 있다. 건강보험과 상해보험, 그리고 종신보험, 정기보험 등의 생명보험이 보장성 보험에 해당된다. 당장 먹고 살기도 힘든데 생명보험? 꿈속에서 할 애기라고 치부하지 말자. 오히려 반대로 가장 먼저 가입해야 하는 상품인 것이다. 일반인의 경우 조기에 사망하게 되면 물려줄 유산 가운데 보험이 차지하는 비중은 클 수밖에 없다. 그렇다면, 어떤 보험을 어떻게 가입해야 할까?

사망 및 가족을 위한 보장상품

★★ 종신보험

세상에서 가장 사랑하는 가족의 미래는 당연히 내가 보장해야 한다. 내가 만일 죽는다면, 사후에 내가 책임지고 있는 가족, 특히 자녀의 생계를 생각해보자.

종신보험이나 정기보험은 중대 질병에 걸리거나 사망 시까지 두루 보상받길 원하는 경우나 경제력이 있음에도 불구하고 유족에 대한 보장을 늘리려는 경우에 적당하다. 주로 이 보험은 한 가족을 책임지는 가장이나 가정 내의 소득보장이 요구되는 사람에게 모두 필요한 보험이다.

이 상품은 2년이라는 불입기간을 채우면, 사망 시 자살 등 사망원인에 상관없이 약속한 금액을 지급하는 상품으로, 특약을 선택할 경우 재해, 암, 성인병, 수술, 입원 등에 대해서도 종합적으로 보장을 받을 수 있다.

종신보험에 가입할 때 유의할 점은 현재 준비하고 있는 자금과 향후 필요로 하는 자금 등에 대한 재정설계를 통해 적정한 보험금액을 선정하여 보험료 수준을 맞추는 것이다.

★★ 비용이 부담될 때 유용한 정기보험

종신보험이 평균 사망률에 따라 기간을 구분하여 종신보장이 된다면, 정기보험은 보장기간에 따라 보험비용을 줄인 것이다. 보험비용에 대한 압박을 받는 경우에 적당하며, 70세, 80세까지 보장이 가능하여 원하는 대로 다양한 설계가 가능한 상품이다.

정기보험 가입 시에는 본인이 필요한 만큼 적정한 가입금액을 설정해야 한다. 또한 정기보험에 가입하기 전에 다른 보험과의 중복 여부와 부족사항 등을 확인한 후 선택하는 것이 현명하다. 경제적으로 여유가 있다면 정기보험보다 종신보험의 가입도 고려해 볼 수 있다. 또 이미 종신보험에 가입했다 하더라도 보장금액이 부족하다고 느끼는 사람은 정기보험에 가입하는 것을 고려할 수 있다. 가입 시에는 종신보험과 같이 현재의 상황에 대한 분석을 통하여 부족자금을 가입하는 것이 나으며, 가족을 위한 사망보장 외에 살아있는 동안의 치료를 보장하는 특약도 같이 고려하자.

또한 건강하면 보험료 할인의 혜택을 받을 수 있다. 다만, 종신보험은 처음 가입 시에 보험료가 결정되는 반면 정기보험은 나이가 많아질수록 사망률이 급격히 올라가기 때문에 보험료가 비싸지는 점을 유의해야 한다.

상해 및 질병을 위한 보장상품

★★ 민영의료보험

이른바 의무적으로 가입해야 하는 국민건강보험의 보완으로 적합한 이 보험군은 입원은 물론 통원치료와 진단 및 검진비에 이르기까지 모든 질환에 대한 보장을 받을 때, 만기 시 소멸되더라도 보장의 폭이 넓고 발병이나 사고 시에 보상 금액이 높은 것을 원하는 경우에 적합하다. 민영의료보험이 일반 건강보험보다 보상하는 범위가 넓은 것은 사실이지만 그렇다고 모든 질병과 사고를 보상하는 것은 아니므로 정확한 확인이 필요하다. 또한 모든 보험에 적용되지만 보장기간이 긴 상품이 유리하다. 마지막으로, 정확한 확인이 필요한데, 입원치료 시에 최고 5,000만 원을 보장한다고 해서 매번 받는 것이 아니라 본인이 실제 지급한 의료비만 보상이 된다는 점을 알아야 할 것이다.

★★ 통합보험과 종합보험

최근 금융시장의 통합화 추세가 보험업계에도 영향을 미친 대표적인 사례가 바로 통합보험과 종합보험이다. 지금까지 생명보험사의 경우 정액보장, 손해보험사는 손실보장이라는 큰 특징을 가지고 있었으나, 통합화가 되면서 해당 금융기관들의 특징이 묻어나면서도 종합적 보장을 해주는 상품이 탄생하게 되었다.

통합보험은 여러 가지 보장의 내용을 합치고 보장대상자(피보험자) 또한 통합한 상품이다. 사람의 생명이라는 한정된 대상을 담보로 하는 생명보험에 비해, 다양한 대상을 보장하는 손해보험의 이

점을 최대한 활용한 보험이라 할 수 있다. 통합과 종합이라는 말은 비슷한 의미지만, 이에 대한 구분을 굳이 한다면 손해보험사에서 주로 판매하는 보험을 통합보험, 생명보험사에서 판매하는 보험을 종합보험이라 부른다. 이 보험들은 각종 사고와 질병은 물론 사망 시까지 보상받고자 하는 경우, 종신보험은 보험료가 부담스러워서 되도록 저렴한 것을 원하는 경우, 만기환급형 대신 순수보장형이어도 무방한 경우에 적합하다.

조금 더 자세히 살펴보면, 통합보험의 진정한 의미는 생명보험＋손해보험의 형태이며, 물론 사망보장＋질병보장＋상해보장＋암보장＋성인병보장＋운전자보장＋화재보장＋배상책임보장＋자동차종합보장＋실비보장 등을 하나의 보험으로 필요한 부분만 선택할 수 있다. 또한 본인 1인＋배우자＋자녀＋부모님 등 추가로 가입할 수 있으며 각자 필요한 사람만 선택해서 이용할 수도 있다. 이는 민영의료보험에 관한 특약 하나만 가입한다면 통합보험이지만 민영의료보험이다.

유의할 점은 "고를 수 있다"는 점에서 만족스러울 수는 있으나, 그만큼 여러 특약들을 잘 검토하여 가입해야 하기에 꼼꼼히 살펴야 한다. 또한 건강보험이나 상해보험을 가입하였다면 종합보다는 다른 상품을 가입하는 것이 보험료를 절약할 수 있는 방법이 될 수 있다.

★★ 건강보험

홈쇼핑, 인터넷쇼핑몰 등에서 가장 많이 판매되고 있는 대중적인 상품이다. 특히 암 및 치명적인 여성 질환에 대해 집중적으로 보장을 원하는 경우나 부담 없는 보험료를 원하는 경우, 만기 시 100% 환급을 받고자 하는 경우에 적합하다. 유의할 점은 다른 보험의 보완으로 적합하다는 것이다. 이 상품으로 모든 것을 보장받을 수 있는 것이 아니므로 보장기간 및 보장받을 수 있는 질병에 대해서 자세히 점검해야 한다.

★★ 보장성 보험에서의 변액보험

변액보험은 즉 변액종신보험, 변액CI보험 등 그 수가 무척 많다. 하지만, 여기서는 몇 가지 잘못된 개념만 점검하고자 한다. 즉 변액보험은 보험사가 고객의 불입금으로 투자 운용한 실적을 가입자에게 배당하는 형태의 간접투자 상품이다. 변액보험은 사고 시 혜택을 받을 수 있는 보험금의 액수가 내가 불입한 보험료보다 적을 수도 있다. 보험회사가 고객의 불입금 중에서 사업비를 제외하고, 나머지를 투자하여 수익을 많이 내면 그만큼 더 받을 수 있고, 손실을 내게 되면 그만큼 덜 받게 된다는 것을 명심해야 한다.

보장성에 대한 설명을 하면서 이러한 언급을 하는 이유는 투자의 목적이 아닌 변액종신보험이나 변액CI보험은 변액보험이라고 해도 큰 수익을 기대할 수는 없지만, 큰 손해를 주는 것도 아니기 때문이다. 여기서 언급한 두 보험만큼은 그렇게 위험하지 않다는 점을 명심하기 바란다.

많은 상품을 일일이 짚어가며 설명하기 어려울 정도지만, 한 가지만 명심하자. 보험상품에 가입할 때는 약관을 꼭 읽어봐야 한다. 약관을 잘 살펴보면 상품의 보장 범위와, 그 범위와 비교한 보험료가 어느 정도인지 알 수 있다.

보험가입 시 고려해야 할 사항은 부채, 수입보장, 자녀 학비를 고려하여 접근해야 하지만, 연령만으로 대략적인 보험납입료를 알 수 있다. 이는 예상은퇴시기를 역산하여 이를 아래의 표처럼 적용하면 된다.

▶ 보험료 산정에 나이를 이용한 예

소득보장년수	소득에 아래 년수 곱하기
5	4.5
10	8.5
20	15
30	20

보장도 포트폴리오가 필요하다

투자를 하는 경우 항상 위험이 동반된다. 이미 앞 장에서 설명한 것처럼 분산투자의 필요성은 이러한 위험을 줄이기 위한 방법이다. 그런데, 보장도 역시 포트폴리오 즉 분산이 필요하다.

2003년 7월 24일 필자는 어머니의 생신으로 고향에 내려가게 되었다. 탄천휴게소 2Km 남은 지점에서 교통사고가 났다. 나중에 알고 보니, 사고를 일으킨 차량은 브레이크 고장으로 속도를 제어하지 못했고, 필자의 차 옆에 와서 타이어가 펑크 났다. 불행 중 다행으로 고속도로 옆으로 두 차가 모두 놓이게 되어 연쇄 차량 추돌사고는 면할 수 있었다. 이 이야기를 꺼내는 이유는 필자가 받은 보상 때문이다. 사고를 일으킨 차량이 100% 과실을 인정하였지만, 필자와 배우자 그리고, 아들은 모두 병원에 6주간 입원해야 하는 상황이 벌어진 것이다. 이렇게 사고가 났을 때, 어떤 보험이 도움이 될까? 물론 종신보험도 입원 특약 등이 적용이 되었지만, 적은 금액이지만 가입하였던 손보사의 실손 상품인 상해보험이 큰 공헌을 하였다. 바로 그 전달(前月)인 6월에 가입하였던 5만 원 정도의 보험이 큰 공헌을 한 것이다. '설마 내가 사고가 날 것인가?' 라는 의구심이 들어 전체적인 보장의 비용을 감안하여 가입하였지만, 바로 그 다음 달에 사고가 났을 때 몇십만 원의 종신보험보다 많은 보상을 받았다.

상해사고에 대한 통계를 볼 때, 그 비율은 미미할 수 있지만, 내가 사고가 났다면 확률은 100%인 것이다.

투자의 분산처럼 보장도 분산을 하자. 사망 및 가족을 위한 보장, 상해 및 질병을 위한 보장으로 적어도 보장의 금액을 100%라고 할 때, 30%에서 20% 정도 중복되지 않은 범위 내에서 상해 및 질병에 대한 보장 비용을 분산시켜야 할 것이다.

효과적인 보험 설계는 남편을 위해서는 사고, 사망에 대한 보장을 강화시켜야 하며, 본인의 경우 질병에 대한 보장을 강화해야 한다. 남편의 경우 부양가족이 많을수록 사망보장을 강화해야 하는데, 부채, 가족구성원의 경제적 자립능력, 대상자의 가족에 대한 보호의 필요성에 대한 고려가 중요하다. 투자성향 역시 보장에 대한 포트폴리오에도 적용된다.

　즉 위험회피형의 경우 전통적인 종신보험 등으로 설계하고, 위험중립형의 경우 혼합형 변액보험 등의 설계가 필요하고, 위험선호형의 경우 주식성장형 변액보험이나 해외주식투자형 변액보험으로 설계해야 할 것이다.

05 긴급예비자금을 먼저 만들어라

재테크와 재무설계의 차이를 말한다면, 전자가 자산운용에 초점을 맞추는 반면에 후자는 인생에서 벌어지는 재정로드맵을 확인하고 이를 반영하는 것이다.

이러한 재정로드맵과 재테크 계획을 꼼꼼히 세워서 실천할 때, 항상 예기치 않은 일이 일어난다. 1장에서 살펴본 "재테크는 눈사람 만들기"에서 언급한 상황을 다시 한 번 그려보자.

눈사람을 만든다는 큰 목표를 가지고 열심히 눈을 뭉치고 있을 때, 또다시 뒤편에서 들려오는 목소리가 있다. "눈싸움하자!" 나하고 똑같은 눈사람을 만들려고 큰 마음을 먹고 나왔으니, 마음을 가다듬고 뒤편의 목소리를 무시하며 계속 눈 뭉치를 점점 크게 만든다. 이럴 때, 보통 날라오는 것이 바로 눈덩이다. 친구들이 싸움을 건다. 이때, 화가 나서 만들고 있던 눈 뭉치를 던지든지, 급하게 만들어서 던진다. 만약 눈 뭉치를 몇 개 만들어 놓았다면, 그중 몇 개를 던지고 나서, 멋진 눈사람을 만들자고 친구를 설득해서 함께 눈사람 만들기에 돌입하게 된다.

여기서 친구의 유혹과 날라오는 눈덩이는 예상치 못했던 비상상황이다. 먼저 위험에 대비하는 것도 이러한 유사시 상황을 대비하는 거라면, 부모님의 질병이나, 가족의 결혼 등 예측하지 못한 상황에 먼저 대비해야 한다. 이러한 비상상황은 IMF사태처럼 갑자기 직장을 그만두는 경우도 해당될 것이다.

비상예비자금을 위해 기억해야 할 몇 가지 사항

비상예비자금을 위해서 꼭 기억해야 할 몇 가지 사항이 있다. 첫째, 비상예비자금의 경우 입출금이 자유로운 계좌에 예치해두는 것과 중도해약 시 제약을 받는 상품을 선택해서는 안 된다는 것이 대전제이다. 만약 일반 입출금통장을 이용할 때는 생활비나 급여계좌 등 자동이체가 연결된 계좌를 별도로 관리하는 것이 필요하다. 이러한 비상예비자금에 맞는 상품은 6개월 이내의 단기저축예금, MMDA, MMF, CMA 등이다. 그러나, 중도해지가 제약을 받는 양도성 정기예금증서(CD)나 표지어음, 신용카드 현금서비스 한도, 다른 목적을 위해 준비한 금융상품들은 비상예비자금으로 적절하지 않는 상품임을 명심하자. 그리고, 꼭 기억해야 할 것이 있다. 비상예비자금이 마련되었다고 해도, 시간이 흐름에 따라 지출이 늘어나게 되면 비상예비자금의 규모도 이에 따라서 늘려 나가야 한다.

그런데, 비상예비자금을 마련할 방법은 각자의 재정상태에 따라 다르다. 물론 여유자금이 있는 사람은 일시불로 그 금액의 계좌를 만들 수 있다. 그러나 여유자금이 없는 사람은 매월 일정금액을 이 비상예비자금을 위하여 정기적금식으로 마련할 수도 있다. 예를 들어 매월 소득의 5%씩이라도, 비상예비자금을 위한 저축에 가입하자.

역발상 비상예비자금 조성법

발상의 전환을 통해 비상자금 조성법을 알아보자. 어떻게 비상자금을 만들 수 있을까? 바로 "에누리 통장"이라는 이름으로 비자금을 만드는 것이다. 물건을 살 때, 할인하거나 싸게 산 경우가 많을 것이다. 이런 경우에 보통은 그냥 흐뭇한 기분만 즐길 뿐 그 돈은 다시 지갑으로 들어가고, 흐뭇한 기분은 망각의 바다로 흘러간다. 장을 보거나 물건을 사는 경우에는 정해진 예산으로 사지만, 따로 관리하지 않은 경우가 일반적일 것이다. 이 경우 CMA통장을 개설하고 거기에 넣어둔다면, 짧은 시간 동안 재정적 비상상태에 대비할 수 있는 비자금을 조성할 수 있을 것이다. 수시입금 기능을 최대한 활용한다. 그런데, 장을 보거나 물건을 사더라도 그 금액이 크지 않아 은행을 가기에는 번거롭거나, 소소한 금액으로 넣기에는 창피할 수도 있을 것이다.

바로 소소한 금액일 경우에는 "봉투시스템"을 이용해보자. 먼저 문방구에 가서, 아주 예쁜 봉투를 장만하자. 그리고, 10만 원이나

5만 원 정도의 금액을 정하고, 그 봉투에 돈을 모으는 것이다. 꼭 주의해야 할 사항! 절대로 이 봉투에 넣어둔 돈은 건드려서는 안 된다.

살다 보면, 갑자기 돈이 필요한 경우가 심심찮게 벌어진다. 그렇지만, 굳은 마음으로 '없는 돈이다' 생각하고, 이 돈을 건드리지 말자. 어쩔 수 없이 한 번 쓴다면, 이미 그 원칙은 무너지기 때문이다. 일정 금액이 모인 경우는 은행에서 CMA현금카드로 입금하면 되며, 500만 원 정도까지 모아서, 가정의 비자금으로 항상 넣어두고, 그 금액 이상이 되면, 투자 포트폴리오를 짜서 재테크로 이용하자.

방금 CMA에 대해 언급했지만, 비상예비자금에 알맞은 CMA와 MMF를 상품별 특징으로 살펴보자.

■ CMA - 수시입금기능만 활용

종합금융회사들의 대표적 상품인 CMA는 증권사에서도 취급한다. CMA는 Cash Management Account의 약자이다. 현금을 관리하는 계좌라는 의미이다. 수시로 넣고 찾을 수 있는 상품으로는 대표적인 것이다. 일반적으로 말할 때는 투자하는 곳에 초점을 맞춰서 어음관리계좌라 한다. CMA계좌를 개설하고 예탁금을 맡기게 되면, 종금사는 고객의 예탁금을 어음, 국공채 등 단기금융상품에 직접 투자하여 운용한 후 그 수익을 고객과 나누는 단기 저축상품이기 때문이다. 예탁금의 액수에는 제한이 없지만, 원금보장이 되는 5천만 원보다 낮게 넣어두는 것이 좋다. 수시로 입출금이 가능하고 ATM 현금인출기를 사용할 때에 수수료도 없다. 은행통장과 마찬가지로 쓰면 되는데, 하루를 맡겨도 이자가 붙는다. 따라서 1개월에서 6개월 정도의 여유자금을 운용하기 편한 상품이다. 종금사뿐만 아니라 은행, 증권사에서도 CMA계좌를 개설할 수 있다.

CMA의 종류는 이미 위에서 잠깐 설명한 대로 우선은 판매사에 따라 구분되는데 크게는 두 가지, 작게는 세 가지로 구분된다.

첫째, 종금사의 CMA다. IMF 이전만 해도 참 많은 종금사들이 있었지만 이제는 한불종금과 금호종금 2군데와, 증권사와 합병한 동양종금증권만 남아있다. 종금사의 CMA는 원금이 보장되는 예금자보호법에 해당하는 상품들이다. 따라서 종금사의 CMA의 이러한 장점을 정리해보면, 첫 번째 장점은 바로 수시입출금 통장으로 상대적으로 높은 금리를 얻을 수 있다는 것이다. 이 금리는 변동하기는 하나 30일을 맡겨도 연 3.8% 정도, 1년을 맡기면 연 4.5% 정도의 1년짜리 정기예금과 비슷한 금리를 받을 수 있다. 두 번째는 예금자보호법에 해당한다는 것이다. 세 번째 장점은 우리은행, 국민은행과 연계계좌를 맺고 있어 영업시간 이후에도 그 은행의 ATM을 이용할 때 현금인출 수수료를 내지 않는 장점이 있다.

둘째, 증권사의 CMA의 경우 MMF에 투자되는 상품인지 RP에 투자되는 상품인지에 따라서, 고정금리를 주느냐(RP투자) 수익률에 따라 받느냐로 구분된다. 증권사의 CMA의 이러한 장점을 정리해보면, 첫 번째 장점은 30일 기준인 경우 일반 종금사 CMA보다 높은 금리를 보장한다. 금리는 시장상황에 따라 바뀔 수도 있지만, 현재 상황에 맞춰 표시한다. 예를 들어, 종금사 CMA와 증권사 CMA(RP 재투자)를 모두 판매하는 동양종금의 상품을 비교해보면 종금사 CMA가 30일 기준 연 3.8% 정도를 받지만, RP에 투자하는 증권사 CMA의 경우는 연 4.25% 정도를 받는다. 두 번째는 연계계좌를 통해, 영업시간 이후에도 그 은행에서 현금인출 수수료나 인터넷뱅킹 수수료를 내지 않는 장점이 있다. 이 경우는 MMF에 재투자하는 CMA나 RP에 재투자하는 CMA에 모두 적용되는 장점이다.

결혼을 앞둔 예비부부들의 결혼자금 예치통장이나 긴급사태의 발생에 대한 예비분으로 적당하다. 또한 급여통장을 은행에서 관리하는 CMA로 바꾸는 형태로 활용해도 좋다.

■ MMF - 수시입출금 가능

수시입출금이 되는 것으로 투자신탁회사, 은행, 증권회사들이 취급한다. 고객이 맡긴 예탁금을 주로 양도성예금증서(CD), 기업어음(CP), 만기 1년 이하의 국채, 통화안정증권 등의 금융자산에 투자하여 얻은 수익을 고객에게 배당하는 채권투자신탁상품이다. 가입금액과 실적 배당이 제한 없기 때문에 실세금리 수준의 수익을 기대할 수 있다. 예금자보호법에 해당하지 않으므로 단기자금으로 운용하는 것이 좋다. MMF는 투자예비자금으로 하여, 묶어둘 수 있는 자금으로 활용하는 것이 적당하다.

■ RP - 단기 거치형 상품

RP가 무엇이기에, CMA상품이 RP에 재투자되고 3개월의 단기자금을 굴릴 때, 연 4~4.5% 수준의 수익률을 준다고 할까? RP는 Repurchase Agreement의 약자로 '다시 산다'는 뜻이다. 환매조건부채권(還買條件附債券)이라고 하는데 금융기관이 일정기간 후에 다시 매입한다는 조건으로 채권을 매도해 단기자금을 확보하는 금융수단이라 할 수 있다. 만기가 조정된다는 장점이 있는데 내가 한 달 뒤에 2억 원을 줄 테니 지금 1억 8000만 원만 꿔달라는 내용의 채권을 판매하는 형식이다. 다만 이처럼 정해진 기간에 환매를 해준다는 약속을 바탕으로 하기 때문에 RP는 중도환매가 되지 않는다. 예금자보호대상은 아니지만, 투자되는 상품이 국채, 예보채 등 우량 채권을 대상으로 하기 때문에 원금손실 위험은 거의 없다고 해도 과언이 아니다.

06 나에게 맞는 금융상품에 이름표를 붙여라!

"이름표를 붙여 내 가슴에, 확실한 사랑의 도장을 찍어 이 세상 끝까지 나만 사랑한다면 확실하게 붙잡아, 놓치면 깨어지는 유리 알 같은 사랑은 아픔인 거야. 정 주고 마음 주고 사랑도 주고 이제는 더 이상 남남일 수 없잖아, 너만 사랑하는 내 가슴에 이름표를 붙여줘."

현철의 '사랑의 이름표' 라는 노래의 가사이다. 너만 사랑하는 내 가슴에 이름표를 붙여주라는 가사처럼 우리의 인생에서 금융상품 역시 똑같이 이름표를 붙인다면, 더 나은 나의 인생을 만들 수 있을 것이다. 나에게 맞는 금융상품에 꼭 이름표를 붙여서 확실하게 붙잡자.

홍어회와 금융상품

이미 앞 장에서 투자성향에 대한 이야기가 나왔지만, 본격적인 상품에 적용해보기 전에 다시 한 번 언급해보자.

'홍어회'를 통해 금융상품의 기호도를 살펴보자. 홍어회는 좋아하는 사람과 싫어하는 사람이 정확하게 구분되는 대표적 음식일 것이다.

홍어를 처음 먹을 때는 지리고 매운 냄새에 눈살을 찌푸리고 꺼리게 되지만 일단 맛을 들인 사람은 꼭 다시 찾게 된다. 한 점 입에 넣고 숨을 들이쉬면 겨자처럼 맵고 저릿한 냄새가 입 안을 톡 쏘며 숨이 탁 막힌다 싶으면 금방 코가 뻥 뚫리며 개운해진다. 매운 맛에 놀라 입맛을 다시면 얼얼하지 않은 것은 냄새만 맵기 때문이다. 혀끝에 도는 알싸한 맛과 목과 코를 자극하는 것은 바로 홍어에 들어있는 암모니아 냄새로, 삭힌 홍어만이 가진 독특한 맛이다. 그런데, 대부분 사람들은 홍어회의 냄새만 맡아도 싫어한다.

금융상품도 홍어회와 같다고 필자는 생각한다. 아무리 수익률이 높아도 원금에 손실이 발생하는 상품에 가입하지 않는 사람들이 분명히 있으며, 아무리 고위험 고수익 상품을 좋아하더라도 결혼 자금을 가지고 이 상품에 가입할 수는 없기 때문이다. 바로 결혼 뒤에 날라오는 배우자의 구박을 일반인들은 견뎌낼 수 없기 때문이다.

그렇다면, 원금보장이 되는 상품을 좋아하는 위험회피형 사람에게 적당한 상품은 무엇이며, 이를 통한 효과적인 투자방법을 모색해보자.

예·적금의 효율적 선택요령

예금과 적금은 가장 기본적인 투자의 기초다. 원금보장이 될 뿐 아니라 이자도 붙는다. 예·적금은 그저 은행에 찾아가 계좌를 개설하는 것에서 끝나는 것이 아니다. 예·적금에도 많은 종류가 있다. 2장에서 살펴본 대로 투자수익률을 낮추는 작용을 하는 부정적인 세금의 힘을 약화시키는 방법, 즉 절세상품의 파악이 우선되어야 한다. 원금보장이 되는 조건의 예금과 적금을 택할 때도 세 가지 특징만 살펴보자. 첫째, 절세상품인가? 둘째, 고금리상품인가? 셋째, 예치기간은 얼마나 되는가? 이 세 가지 특징을 비교해서 가장 유리한 상품을 선택하면 된다. 수시로 입출금이 가능한 상품들 가운데 위 세 가지 특징을 비교해서 가장 좋은 것, 장기적금 가운데 위 세 가지 특징을 비교했을 때 가장 유리한 상품은 무엇인가? 이렇게 찾으면 내가 원하는 재테크를 할 수 있을 것이다.

절세(비과세, 소득공제) 금융상품

금융상품 중에는 비과세, 세금우대, 소득공제대상 상품들이 있다. 비과세란 말 그대로 이자소득세를 면제해주는 것이고, 세금우대란 통상 15.4%의 이자소득세를 9.5% 정도로, 쉽게 말해 세금을 깎아주는 상품이다. 소득공제는 근로소득, 사업소득세를 부과할 때 소득공제 대상 금융상품에 가입한 경우 그 납입금을 얼마 정도 공제해주기 때문에 결과적으로 세금이 줄어드는 효과가 있는 절세 상품이다.

■ 장기주택마련저축(펀드) – 비과세, 소득공제

재테크 전문가가 추천하는 1순위 상품인 장기주택마련저축이나 장기주택마련펀드는 비과세에다 소득공제까지 해주는 절세상품이다. 일반 정기예금보다 금리가 연 0.5~1% 포인트 정도 높고, 소득공제 혜택까지 받기 때문에 펀드 투자 이상의 수익도 가능하다. 만 18세 이상 무주택자 또는 85제곱미터 이하의 1주택 소유자(기준시가 3억 원 이내)가 가입할 수 있다. 그러나 비과세 혜택을 받으려면 반드시 7년 이상 가입해야 하고, 또 가입 후 5년 이내에 중도해지하면 비과세였던 세금이 추징되는 조건이 붙어있다. 가령 매월 50만 원을 연 4.5% 금리인 장마(장기주택마련저축)와 연 3.9%인 적금에 불입한 경우를 비교해보자. 각각 7년 동안 저축한다면, 적금은 4,725만 원, 장기주택마련저축은 4,869만 원이다. 소득공제금액이라는 플러스알파를 제외하더라도 만기에는 장마가 144만 원 더 많다. 만일 3년 후에 일이 생겨 중도해지를 한다면, 연 2% 금리로 떨어지고 그 이자소득세도 따로 내야 하고, 그동안 소득공제로 돌려받은 세금도 다 물어내야 한다. 결국 손에 쥐는 돈은 총 1,847만 원으로 적금(1,898만 원)보다 오히려 50만 원이 적다. 장기주택마련저축은 가입했다 하면 끝까지 불입하는 것이 좋다.

■ 연금저축과 개인연금저축 – 비과세, 소득공제

일반적으로 연금보험이라 통칭하는 상품들은 세제 적격형 상품(연금저축보험)과 세제 비적격형 상품(일반연금보험)으로 나눌 수 있다. 연금저축보험은 소득공제 받을 수 있는 상품이다.

연금저축상품은 2001년 이전에 판매된 개인연금저축보험과 그 이후부터 현재 판매되고 있는 연금저축보험으로 나눌 수 있다. 개인연금저축보험은 연간 납입하는 보험료의 40%(72만 원 한도)를 소득공제 받을 수 있다. 연금수령 시에는 소득세가 비과세되는 반면 중도해지하면 해약환급금을 기타소득으로 처리하여 22%(주민세 포함)의 기타소득세를 부과하며, 5년 이내에 해지하면 총 납입액의 2.2%(주민세 포함)를 해지가산세로 추가 부과하므로 불이익이 발생할 수 있다.

연금저축보험은 연간 납입한 보험료를 최고 300만 원 한도로 소득공제 받을 수 있지만 연금수령 시에는 연금소득세 5.5%를 원천징수한다. 또한 국민연금, 공무원연금 등의 연금액을 합산한 연금소득이 600만 원을 초과할 경우, 최소 8%~35%의 누진세율을 적용받아 추가로 징수될 수 있다.

반면, 일반연금보험은 소득공제혜택은 없지만 10년 이상 유지할 경우 만기 시, 중도인출 시 또는 해약 시 발생하는 이자소득(보험차익)에 대하여 비과세를 적용한다.

연금저축보험은 연금수령 개시 전에는 보장이 없는 순수연금이며, 보장을 추가로 원할 경우에는 특약을 추가하면 된다. 납입한 보험료에서 보장을 위한 위험보험료를 추가로 차감한 금액이 적립된다. 동일한 사업비와 이율을 가정했을 때 적립되는 금액은 연금저축보험이 더 높지만 현재 판매되고 있는 일반연금보험의 경우 연금저축보험의 공시이율보다 0.1% 정도 높아, 연금을 받기 시작하는 시점의 적립금액은 거의 비슷하게 나타난다.

■ 주택청약저축 – 세금우대, 소득공제

무주택세대주로 20세 이상만 가입할 수 있고 1인 1계좌만 가능하다. 그리고 2만 원에서 10만 원까지 5천 원 단위로 자유롭게 불입액을 정할 수 있다. 가입 후 24개월이 지나면 주택청약을 할 수 있고, 세금우대(10.5%), 소득공제(연간 납입액의 40% 범위 내, 최고 300만 원까지)가 있다. 주택청약저축은 금융상품으로써의 활용성보다는 무주택자로서 주택구입을 하려는 사람에게 유리한 상품이다.

정부는 2008년부터 부동산안정대책의 하나로 아파트 청약 때 무주택 실수요자들이 유리하도록 하는 청약가점제를 확정하였다.

청약가점제는 가구주의 나이, 부양가족 수, 무주택기간, 청약통장, 가입기간 등에 따라 점수를 매기고 점수가 높은 사람에게 우선권을 준다는 것으로 현재 구체적인 방안을 마련 중에 있다. 2008년 주택청약부금의 개편안에 따르면 현행 예금과 부금 가입자의 청약제도가 가구주 연령(30세 미만~45세 이상), 무주택 기간(1년 미만~10년 이상), 통장 가입기간(6개월 미만~10년 이상), 부양가족(가구구성 1~3세대, 자녀 수 1~3명) 등 4개 항목을 감안한 가점제로 변경된다.

　각 항목은 단계별로 1~5점(부양가족 가점은 가구 구성, 자녀 수 별로 1~3점)이 부여되며 여기에 가구주 연령 20, 부양가족 35, 무주택기간 32, 가입기간 13의 가중치를 둬 이를 곱해 총점을 산출한 뒤 점수에 따라 당첨자를 가리는 방식이다.

　개인 자산 전산화가 완료되는 2010년부터는 가구소득, 부동산 자산(5,000만 원 이상)도 가점 항목에 들어가고 가중치도 바뀐다. 공공택지 내 25.7평 초과 주택은 현행 채권입찰제로 하되 2008년부터 동일 순위 내 경쟁이 있을 경우 부양가족, 무주택 기간, 통장 가입기간으로 순위를 가리는 가점제를 일부 적용한다. 가점제에서 동일 순위 동점자가 나오면 가구주의 주민등록상 생년월일이 빠른 순서대로 당첨 순위가 가려진다.

07 최근 재테크 이슈! 펀드의 기본을 알자

　앞 장에서 살펴본 '재테크 수익률 1위'의 기사들을 보면, 최근의 트렌드가 펀드 상품으로 흐르는 것을 볼 수 있었다. 또한 펀드 역시 그 투자분야가 점점 더 세분화되는 경향을 알 수 있었다. 물론 펀드가 각광을 받았던 이유는 그간의 저금리 기조가 가장 큰 이유였다. 인플레이션을 고려할 때 4~5%의 금리는 오히려 원금손실을 가져온다는 공감대가 이루어졌기 때문이다. 펀드라는 간접투자는 '눈 뭉치 만들기'와 '눈덩이 굴리기' 모두에 적용될 수 있는 공통분모적 상품이다.

　따라서, 본 절에서는 펀드에 대한 기본적인 정의부터 투자방법까지 살펴보자. 그리고, 거치식 투자요령은 본 절에서 혼재하여 언급하고 다시 눈덩이 굴리기 요령에서 정리할 것이며, 적립식 투자 요령은 본 장 마지막에서 설명할 것이다.

펀드는 표준화된 '계'이다

최고의 고금리 상품이며, 최고의 비과세 상품이 무엇인지 아는가? 바로 '계'이다. 부모님이나 시장에서 자영업을 하시는 분이나 형제나 친구끼리 모아서 하는 것이 '계'이다. 즉 끼리끼리 뭉쳐서 뭉칫돈을 만들어 이용하는 것이 계라 할 수 있다. 그렇다면, 왜 펀드를 '표준화된 계'라고 정의할 수 있을까? 이제 펀드를 정의해보자.

한마디로, 펀드를 정의한다면, 투자가(개인, 법인)들의 뭉칫돈을 모아(펀드 조성), 주식이나 채권 등에 투자하여 운용하고(운용사, 펀드매니저), 이를 다시 투자자에게 돌려주는 것이다.

▶ 펀드란?

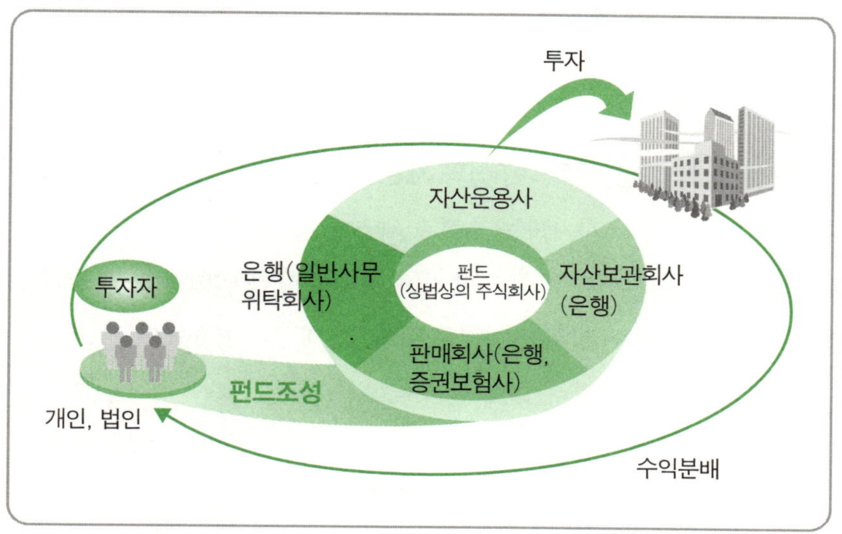

앞에서 언급한 '계' 와는 어떤 차이점이 있는지 잠시 설명해보자.

이 모두의 답은 '계주' 이다. 따라서, 최고의 비과세 및 고금리 상품이지만, 계주가 날라버릴 경우는 가장 위험한 상품인 것이다. 이에 반해 펀드는 상대적으로 안전하다. 물론 원금 손실의 위험은 있지만, '계' 와 다르게, 구조상 각각 법적으로 그 역할이 구분되었기 때문이다.

여기서, 자산운용사에서 투자하는 상품들을 좀 더 살펴보자. 현재는 주식과 채권과 부동산에 집중되지만, 자본통합법이 2008년부터 발효되면, 물이나 일기예보지수 등 더욱더 다양한 자산에 투자될 것이다.

자산운영의 기본 상품 : 주식과 채권

펀드가 주로 투자하는 주식과 채권에 대해 '겉핥기' 라도 잠시 살펴보자. 여기서는 주식과 채권에 대해 단순히 어떤 상품이 좋다는 것보다는 좋은 상품을 가려내는 법 즉 바꾸어 표현하면, 고기보다는 "고기 잡는 법"에 대해 살펴보고자 한다.

주식의 경우 목돈의 일부를 투자하는 직접투자 방식에 가깝다. 고수익을 원하는 사람에게 적당한 상품이지만 바꾸어 표현하면,

따로 생업이 있는 사람이 투자하는 경우 백전백패할 수 있는 상품이다. 주식의 투자규모는 분산하는 주머니(생계, 오락, 장기) 중 가장 작은 규모인, 오락주머니로 활용하는 것이 낫다. 주식투자 시 유의점은 귀를 얇지 않게 하고, 우량주를 중심으로 투자하며, 이미 살펴본 시장 트렌드의 파악이 필수라 할 수 있다.

증시 전문가들도 주식시장을 예측할 수 없다고 말한 피터린치는 사람들이 주식을 화제로 이야기하는 것에 주식 성공의 원리를 빗대어 설명한다. 첫째 단계는 사람들이 주식 이야기만 나오면 화제를 돌린다. 이때가 바닥이다. 주가가 상승 발전하는 단계이다. 둘째 단계는 주식이 얼마나 위험한가에 대해 잠시 이야기를 나누다가 화제를 돌린다. 약 15% 상승한 단계이다. 셋째 단계는 화젯거리가 온통 주식 이야기인 단계로, 주가가 30% 이상 올라 있을 때이다. 넷째 단계는 누가 추천한 종목이 이미 상당 폭 올라있고 특정 종목을 매입했더라면 하고 아쉬워하는 단계로, 이때 주가는 이미 머리끝에 와있다. 2장에서 말한 코스톨리아니의 달걀모형을 적용하기에 좋은 조건이다.

채권은 투자규모가 큰 경우에 적당한 상품이다. 수익률보다는 채권의 잔존만기와 신용등급 확인이 중요하며, 투자대상채권의 특성을 꼭 파악할 필요가 있다. 일반인이 투자할 좋은 상품으로는 국공채, 후순위채 및 전환사채가 있다. 꼭 알아두어야 할 사항은 금리가 상승하면 채권수익률은 하락하고, 금리가 하락하면 채권수익률은 상승하므로, 금리상승기에는 채권에 투자하지 말아야 할 것이다.

펀드 투자 시 기본 마음가짐

펀드를 고를 때, 기본적으로 가져야 할 마음가짐은 무엇인가?

첫째, 나에게 맞는 투자성향과 라이프 사이클에 맞는 상품을 선택해야 한다. 즉, 사람마다 투자성향이 각기 다르며 자금의 소요시기 및 용도 등이 상이하기 때문에 자신의 투자 성향 분석에서부터 투자의 시발점이 되는 것이다. 고객이 보수적인 성향의 사람인지, 공격적인 성향의 사람인지 아니면 그 중간자적인 성향의 사람인지 스스로 먼저 생각해보고, 선택해야 할 것이다.

만약 공격적인 성향을 가지고 있다고 판단되면 주가상승초기시점에서 "주식형" 상품에 가입을 하게 하는 것이 바람직하다. 반대로 보수적인 투자성향의 사람이라면 안정적인 "채권형" 상품에 가입하게 하는 것이 바람직하다. 또 자금소요시기에 따라 초단기형(MMF)에서부터 단기형, 중기형, 장기형 등등에 분산투자 하는 것이 현명한 투자의 필수 요건이다.

둘째, 위험과 수익과는 역의관계(Trade-Off)에 있음을 명심하자. 로또 복권의 발매로 복권시장이 한층 더 뜨겁다고 한다. 구입자가 복권에 거는 기대수익도 크다. 반면 로또 복권을 구입한 금액 5,000원을 잃을 확률도 아주 크다. 이런 복권제도는 자본시장의 생리를 잘 말해주는 것 중의 하나로 내가 손해 볼 확률이 큰 만큼 대박이 날 가능성도 배제할 수 없는 것이다. 위와 같은 개념으로 고객이 큰 기대수익을 원한다면 그만큼 위험이 잠재되어 있는 "성장형 펀드(주식형)"의 기대수익이 적으면 "채권형 펀드"에 가입하는 것이 바람직하다.

셋째, 펀드의 특성에 대한 명확한 이해가 투자결정에 필수 요소임을 기억하자. 종종 고객으로부터 이런 질문을 받을 때가 있다. "정팀장님 어떤 상품에 투자해야 수익률이 제일 높을까요?"라고 질문을 받으면 때론 곤혹스러울 때가 있다. 향후 미래의 수익률은 전적으로 증권시장에 달려있다고 해도 과언이 아니다. 내가 선택한 상품과 시장과의 상호 맞물림 현상이 긍정적일 때 결과도 좋기 때문이다. 예를 들어, 대세 상승기를 예측하여 주식형 상품에 가입을 했다고 가정해보면 사실 시장이 예측대로 움직여줄 때 기대수익을 얻을 수 있을 것이다.

기대수익의 크기로 나열을 해보면 주식편입비율이 높은 "공격형 주식형(편입비율 70%)" 〉 "중도적 주식형(편입비율 31%~60%)" 〉 "보수적인 주식형(편입비율 30% 이하)"의 순서로 나타날 것이다. 만약에 채권금리가 하락할 것이라고 예상을 한다면 시가평가제도 하에서 장기 채권형 상품에 가입하는 것이 단기상품보다 유리하다. 반대로 금리상승을 예상한다면 금리면역화 상품에 가입한 후에 금리고점시점에서 장기상품으로 갈아타는 것이 합리적인 투자방법이라고 할 수 있다.

넷째, 자산배분(Asset Allocation)이 현명한 투자자들에게는 아주 중요하다. '계란을 한 바구니에 담지 마라' 는 격언이 있듯이 금융자산을 한 펀드에 투자하는 것보다 주식형, 채권혼합형, 채권형,

MMF 등에 분산 투자하는 것이 유리하다. 실질적으로 상기의 상품에 투자비율을 향후 시장 전망에 근거하여 조정한 투자결과가 한 상품에 집중 투자하는 방법보다 리스크를 헤지하는 포트폴리오 효과기능이 있어 자산의 안정적인 투자방법에도 부합된다고 할 수 있다. 미국의 한 연구기관에서 실제 투자실행을 통해 분석해본 결과 투자목표의 달성여부는 94%가 자산분배에 기인하고, 6%만이 종목의 선택과 매매타이밍과 같은 다른 요인에 영향을 받는다는 결론을 얻은 바 있다는 사실에 주목할 필요가 있다.

투자에 대한 개념 적립

먼저, 펀드는 두 가지의 투자밖에 없다. 적금형의 적립식과 예금식의 거치식 두 가지 방법밖에 없다. 당연한 소리지만, 이 말씀을 드리는 이유는 국내에는 적립식 전용상품이 있기 때문이다. 국내에 있는 해외은행, 예를 들어 HSBC은행 등을 방문하면 모든 펀드가 적립식이 가능함을 알 수 있다. 이 적립식 투자의 장점은 사이클별 투자 및 리스크를 줄이기 위한 정기적 물타기라 할 수 있다.

시장이 대세적 상승기에 있다고 가정해보자. 이 경우는 적립식 투자(정기적 물타기)보다는 거치형으로 투자한다면, 큰 이익을 볼 수 있다. 다만, 적립식에 가입하는 이유는 바로, 시장의 변화를 알 수 없기에 시간적 분산을 하기 위해서다. 이 점을 꼭 기억하자.

좋은 펀드를 고르는 방법

막상 펀드에 투자한다고 가입한다면, 단순히 누구의 이야기를 듣고 판단하기보다는 본인의 주관적 기준을 가질 필요가 있다. 이에 대한 근거가 필요한 것이다. 바로, 펀드평가사의 사이트에서 그 펀드를 살펴보는 것이다.

❶ 모닝스타 : 매경 금융센터의 펀드섹션의 펀드 찾기의 경우 모닝스타와 제휴가 되어있으므로, 한번 살펴보자.
❷ 제로인(www.funddoctor.co.kr)
❸ 한국펀드평가

한 개의 평가사에서 찾아보지 말고, 여러 펀드평가사의 정보를 모두 읽어보자.

주의할 점! 현재 최고의 수익률을 내는 펀드가 앞으로의 수익률을 보장하지 않는다. 이 점을 주의하자. 시장상황을 대세적 관점에서 볼 필요가 있다. 이제 단계별로 살펴보자.

1단계 : 지피지기

이미 이 책의 전반에서 지피지기의 중요성을 강조해 왔지만, 중요한 것은 다시 한 번 반복할 필요가 있기에 다시 설명한다. 가장 먼저 해야 할 일은 금액 및 목표수익률과 투자기간, 본인의 투자성향을 파악한다. 누구에게나 공통적으로 적용되는 상품은 없다. 체질에도 사상체질이 있으며, 같은 소양인이라도 다른 개성을 보여준다. 따라서, 본인의 투자성향에 대한 파악은 중요하다. 투자할 금액의 파악은 필수적이며, 목표수익률과 투자기간은 둘 중 하나만 달성되어도 환매가 필요하므로 이 두 가지는 꼭 기억하자.

5가지 필수 사항을 확인한 후 가입하자.

❶ 과거 수익률의 추이를 분석하라!

펀드수익률을 점검할 때는 먼저 수익률에 대한 구분을 먼저 살펴야 할 것이다. 수익률은 기간수익률과 연환산수익률, 세전수익률과 세후수익률을 구분해야 할 것이다. 두 번째, 과거 수익률의 변동폭을 점검해야 한다. 이는 위험조정수익률이 평가지표를 안다면, 쉽게 점검할 수 있을 것이다. 셋째, 벤치마크와 비교한 수익률을 점검해야 한다. 벤치마크란 기준이 되는 수익률이다. 주식형의 경우 종합주가지수와의 비교를 통해서, 채권의 경우는 매경채권지수 등과의 비교를 통해서 알 수 있다.

❷ 펀드의 위험도 측정을 위해 표준편차나 샤프지수를 이용하라

펀드의 위험도를 점검하는 이유는 모든 펀드가 다 직접투자보다 높은 수익률을 가지면 좋으나, 그렇지 않은 펀드도 많기 때문에 확인해야 한다. 투자하는 기업의 주식 즉 펀드의 자산 보유내역을 확인하고, 과거 수익률의 변동성을 통해서, 미래의 위험을 측정할 수 있을 것이다. 이러한 변동성을 알 수 있는 지수로는 표준편차나, 샤프지수 등을 확인해보면 될 것이다. 또한 다음과 같은 변동이 있을 경우는 꼭 체크해야 한다. 펀드가 갑자기 규모가 증가할 경우 그 이유를 확인해야 하며, 펀드의 경우 그것을 운영하는 펀드매니저가 바뀌었을 경우 다른 색깔을 낼 수 있기 때문에 확인해야 한다.

표준편차나 샤프지수 그리고, 베타지수에 대해서는 필수적인 지표이므로, 잠시 살펴보자. 표준편차란 펀드의 위험을 측정하는 지

표로, 미래에 얻을 수 있는 수익률의 범위를 측정하는 것이다. 베타지수란 벤치마크에 대한 펀드의 변동성을 나타내는 상대적 측정지수를 말하며, 샤프지수란 위험 단위당 얼마만큼의 위험 초과 수익률을 달성하는가를 측정하는 지수로, 펀드의 위험조정수익률을 말한다.

예를 들어 설명하여 보자. 펀드의 연평균 수익률과 시장수익률(예를 들어 종합주가지수의 상승률)이 10%이고, 표준편차가 5%, 베타지수가 1이라고 가정해보자.

표준편차가 5%라는 이야기는 연평균수익률이 10%일 때, 최저 5%에서 최고 15%로 확률적으로 예측할 수 있다는 것이다. 베타지수가 1일 경우는 시장수익률이 10%일 때, 상승 시에는 10%, 하락 시는 10%를 예측할 수 있다는 것이다.

정리하면, 표준편차의 숫자가 낮을수록 안정적이며, 베타지수가 높으면 공격형(상승장), 낮으면 수비형(하락장)이며, 샤프지수의 지수가 클수록 위험대비 수익이 높다 할 수 있다.

❸ 펀드의 부가비용을 기억하라

먼저 비용에 대해 살펴보자. 펀드가입자들이 부담하는 비용은 크게 보수와 수수료, 두 가지로 나뉜다. 보수는 일정기간마다 정기적으로 부과되는 반면, 수수료는 일회성 비용이다. 보수에는 자산운용회사에서 지급하는 운용보수와 증권사, 은행 등 판매사에 지급하는 수탁보수, 펀드의 기준가 계산 등 일반업무에 대한 사무관리보수, 펀드평가사에 지급하는 평가보수 등이 있다. 이는 펀드 순자산에 대해 연 단위 %로 계산되며, 분기단위로 지급된다. 수수료는 펀드 가입 시 내야 하는 선취수수료, 만기 후 돈을 찾을 때 내는 후취수수료, 중도환매를 하게 될 때 내는 중도환매수수료 등으로 구분된다. 선·후취 수수료는 판매서비스에 대한 대가로 판매사가 가져가며, 환매수수료는 펀드로 환입돼 남아있는 기존 가입자들에게 돌아간다. 예를 들어, 신영마라톤주식 3-1호의 경우 운용보수는 0.60%, 판매보수의 경우 1.85%, 수탁보수의 경우 0.04%로 총보수는 2.54%이다. 이 정보 역시 펀드평가회사의 사이트에도 나와있지만, 다시 한 번 확인할 필요가 있다. 즉 펀드에 따라 총보수율이 연 1% 포인트 이상 차이가 나는 경우도 있으므로, 평균 이상으로 높은 보수율을 받는 곳은 피하는 것이 좋다.

세금의 경우는 해외펀드나 국내펀드의 경우 15.4%라는 이자소득세가 적용되지만, 정책적 측면에서 약간의 변화가 있다. 즉 국내펀드의 경우 채권의 이자와 채권의 매매차익에 대해서는 과세가 되며, 주식의 매매차익에 대해서는 비과세가 되지만, 주식에 대한 배당일 경우 15.4%의 비과세가 됨을 기억해야 한다. 해외펀드의 경우라도 국내에 설정된 펀드라면 국내펀드와 동일하다. 즉 2009년 12월 31일까지는 주식매매차익만 비과세가 된다. 반면에 해외 법에 의한 펀드 즉 역외펀드의 경우 총 수익은 15.4%로 과세가 된다.

해외펀드에 대해서는 바로 다음 절에서 자세히 설명하겠지만, 다른 사항들도 중요하지만, 특히 세금에 대해 정확히 파악해야 할 것이다.

❹ 편입 종목 10개는 외워라

좋은 펀드를 고르기 위해서는 가입펀드 자산 보유내용을 확인하는 노력이 필요하다. 즉 최소한 보유한 펀드 10개 정도는 수익률 변동과 함께 체크해야 할 것이다. 펀드의 자산 내역을 점검하는 방법은 신탁자산명세서와 운용보고서를 통하여 점검할 수 있다. 신탁자산명세서는 보유종목 확인을 통해 분산투자가 잘돼있는 지와 당초 운용전략에 맞는 종목을 가지고 있는지 점검할 수 있으며, 신탁자산 운용보고서는 투자종목이 너무 자주 바뀌는지를 점검할 수 있다.

❺ 펀드매니저의 변동은 꼭 체크하라!

펀드회사 자체가 시스템으로 돌아간다고 해서, 무시해서는 안 된다. 운영철학이 분명한 프랭클린 템플톤 투신운용사도 있지만, 대부분 국내펀드의 경우, 펀드매니저의 능력에 따라 수익률이 차이가 난다. 펀드매니저를 선별하는 방법은 펀드 투자제안서를 통해 펀드매니저의 약력 등을 살펴볼 수 있고, 과거 운용성과 운용철학, 스타일, 한 유형의 펀드를 장기간 운용하였는지 확인하면 된다. 또한 펀드매니저가 팀 단위라면 팀 또는 회사 차원에서 위의 사항을 비교해야 할 것이다.

3단계 : 흐름파악

펀드도 개인이 주식 투자하는 것과 같이 시류를 타야 한다. 특히 거치형 투자(한꺼번에 투자하는 경우)의 경우는 이러한 투자시점의 선택이 중요하다. 직접 투자하는 것보다는 민감하게 반응할 필요가 없지만, 전체적인 흐름 즉 상승기에 진입했구나 하는 정도를 파악하고 가입하여야 한다. 펀드도 손실을 볼 수 있음을 꼭 기억해야 한다. 예를 들어 2005년 11월에 투자했던 펀드의 경우 대세 상승기 바로 전(1,100~1,200선)이었고, 2005년 3월에 투자했던 펀드의 경우 900선 정도로 기억된다. 펀드의 수익률을 실례로 들지 않아도 알 수 있을 것이다.

4단계 : 관리

내 펀드는 내가 관리해야 함을 기억해야 한다. 물론 펀드는 자산운용사에서 관리하고 담당직원이 잘해주겠지만, 본인의 돈이므로 꼭 주의 깊게 살펴봐야 할 것이다. 이러한 펀드의 수익률은 펀드통장을 보아도 알 수 없다.

전반적인 운영은 보통 월요일자 경제신문에 실려있는 펀드 평가의 내용을 보면 알 수 있지만, 가입한 시기는 각각 사람마다 다르므로, 약간의 수익률의 차이가 있다.

이러한 주간 시세를 보고, 그 펀드가 목표 수익률에 접근했을 때, 직접 계산하는 노력도 필요하다. 펀드통장에서는 펀드명, 운용사, 입금금액, 매수좌수, 매도좌수, 일반기준가(과표기준가)등이 나와 있다.

여기에서 일반 기준가에 주목하자. 수익률 계산공식은 {(결산시 기준가/초일 기준가)×(말일 기준가/결산 후 기준가) - 1}×100이다. 산수공식처럼 보여서, 좀 어렵게 느껴질 수 있다. 예를 들어 2005년 11월 3일에 펀드에 가입하고, 12월 25일에 찾는다고(환매) 가정해보자. 여기서 초일 기준가는 바로, 11월 3일이다. 말일 기준가는 12월 25일이 되는 것이다. 결산 후 기준가를 보통 넣는 이유는 펀드의 연간 결산 시에 펀드가 거둔 수익을 고객에게 현금으로 돌려주는 주식투자의 배당금과 비슷하기 때문이다. 보통 펀드의 연간 결산에서는 해마다 펀드기준가를 1,000원으로 떨어뜨린다. 따라서, 결산 후 기준가는 증권사의 담당직원에게 문의하면 친절히 말해줄 것이다. 펀드를 환매해야 하는 경우도 분명 있다. 즉 투자전략이 변했을 때, 투자목표가 바뀌었을 때, 못 견딜 만큼 원금손실이 났을 때, 수익률이 6개월 이상 벤치마크를 밑돌 때나 수익률이 3개월 만에 20% 이상 급등했을 때는 환매를 고민해야 한다.

환매 시의 첫 번째 고려상항은 바로 환매가 되지 않고, 어느 정도 시간이 걸린다는 것이다. 즉 보통 신청일로부터 4일 이내에 환매과정이 끝난다는 것을 고려해야 한다. 주식이나 예금처럼 바로 환매가 되지 않는다는 점을 기억해야 한다.

환매 시에는 나중에 다시 언급하겠지만, 5-3-2법칙을 적용해야 할 것이다. 즉 목표수익률 달성 시 50% 환매로 이익을 어느 정도 실현하고, 다시 목표수익률을 재조정하여, 달성 시 30%를 환매한 후에는 아예 장기적으로 20%는 가져가는 것이다. 이는 심리적인 안정과 급등 시에 추가투자전략의 유연성을 위해서이다.

마지막으로 강조하고 싶은 것은 '돌다리 두드리기'와 '지속적 관심'으로 꼭 기억해야 할 것이다.

세계는 넓고 투자할 펀드는 많다

최근 국내에는 해외펀드의 광풍이 불고 있다. 그 요인을 살펴보면, 첫째, 2006년의 중국펀드 등 해외펀드의 강세가 그 이유이다.

2006년 연초 이후 수익률이 무려 49.98%에 달한 펀드가 나왔기 때문이다. 국내 주식시장의 조정기에 해외펀드의 높은 수익률은 자본의 집중을 보여준 것이다. 두 번째는 바로 국내 설정된 해외 주식형 펀드에 대한 2009년 말까지의 비과세 혜택 때문이다.

이러한 두 가지의 요인으로 해외펀드가 강세를 보이고 있지만, 정확히 알지 못하고 투자하는 '묻지마 투자' 는 실패의 요인이 되기에 알고 투자하는 노력이 필요하다.

해외펀드는 국내 운용사들이 직접 해외로 투자하는 펀드와 해외에서 설정된 펀드에 투자하는 펀드, 해외 운용사들이 투자하는 펀드(역외펀드)들이 있다. 물론 국내 운용사들의 해외주식에 투자하는 펀드만 비과세가 되기에 미러펀드라고 하여, 역외펀드의 운용방침과 포트폴리오 등을 본떠 동일한 구조로 해외투자기관이 국내에 설정된 펀드도 있기에 정확히 살펴야 한다. 비과세라는 측면에서 볼 때, 미러펀드나 국내에 설정된 펀드가 유리하지만, 실제 펀드의 수익률, 표준편차 등 해당 펀드의 우수성을 먼저 살펴야 한다.

해외펀드는 국내펀드의 종류와 다르게 시간대별 투자상품뿐 아니라, 지역의 분산측면에서 투자상품들이 있다. 즉, 전세계 시장에 투자하는 글로벌 주식형 펀드, 글로벌 본드 펀드와 같이 글로벌형이 있는가 하면, 유망한 지역시장을 대상으로 투자하는 지역형 펀드로 브릭스형, 유럽형, 아시아형, 이머징마켓형과 같은 지역형 펀드도 있다. 그리고, 우리가 잘 알고 있는 특정국가에 투자하는 국가형 펀드와 하이테크, 파이낸셜 서비스, 실물자산에 투자하는 섹터형 펀드도 있다.

펀드의 투자방식은 국내펀드의 단계별 투자원칙과 그 흐름면에서 동일하다. 하지만, 해외펀드의 경우 다음과 같은 차이점이 있기에 유의해서 살펴야 할 것이다.

1단계 : 지피지기

앞 절에서 살펴본 단계별 펀드투자요령 중 1단계는 동일하다. 즉 지피지기의 단계는 동일하게 적용될 수 있는 것이다. 여기에 금융자산 대 부동산 비율, 연간목표수익률 및 기간 및 투자목적은 반드시 살펴야 할 것이다.

2단계 : 돌다리 두드리기

돌다리를 두드린다는 말은 금과옥조다. 다만, 해외펀드에서 돌다리를 두드리기의 세부단계는 조금 다르게 결정된다.

첫째, 문화를 이해하자. 어떠한 국가, 산업분야 등의 펀드를 선택할 것인가? 이러한 국가는 전체적인 국가적 성장단계에서 이해해야 할 것이다.

해외펀드 역시 고수익에만 집중할 것이 아니라, 분산차원에서 투자해야 한다. 예를 들어 고성장국가에 투자하는 거라면, 중국, 인도, 베트남, 멕시코, 브라질을 고려할 수 있고, 내수기반 국가에 투자한다면, 미국, 일본, 중국, 유럽 등의 국가에 투자해야 한다. 또 자원의 경우 호주, 말레이시아, 인도네시아, 남아프리카 등에 투자하는 펀드를 고려해야 한다. 앞으로 성장가능성이 큰 국가로는 노인의 비중이 낮은 인도, 방글라데시, 인도네시아, 중국, 베트남 등이 있다.

먼저 다른 나라에 투자하기 위해서는 문화·정치적 요소를 어느 정도는 이해해야 할 것이다. 너무나 당연한 이야기지만 쉽지 않은 이야기다. 예를 들어보자. 남아프리카 공화국에 관한 펀드가 있다고 하자. 직관적으로, 올림픽이나, 세계 박람회, 월드컵 등을 주최할 수 있는 나라로 계속 성장하고 있는 개발도상국이나 선진국이 가능성이 크며 투자성 역시 높다.

남아공 역시 이런 직관적 상품 선택면에서 가능성이 높은 상품이다. '인터넷이 정보의 바다' 라 하지만, 영어라는 언어적 장벽 때문에 선택이 힘들 수도 있다. 여기에 좋은 방법이 있다. 바로 우리나라에 주재하는 대사관 등의 홈페이지 내용을 보는 것이다.

친절하게 한글로 구성되어 이해도 편하다. 이 중 경제에 관한 사항은 꼭 읽어보자. 강점을 부각하지만, 우리가 몰랐던 정보도 알 수 있을 것이다. 이제 남아공 한인회의 사이트를 읽어보자.

▶ http://www.saka.co.kr/main.asp

한인회는 세계 각국에 다양하게 퍼져있다. 그들이 현지에서 느끼는 것은 바로 멀리 떨어진 우리에게도 도움이 될 것이다. 이외에 각 나라에 있는 상공회의소 등도 꼭 확인해보자.

만약 만국공통어인 영어가 가능하다면, 해당 증권거래소의 사이트나 경제관련 부서나 증권 및 경제정보 사이트를 살펴보자. 남아공 투자관련 기본 정보는 아래의 사이트를 살펴보고 참조하자.

http://www.southafrica.info/doing_business/investment/
http://www.jse.co.za/
http://www.einnews.com/southafrica/newsfeed-south-africa-stock-markets

두 번째, 과거수익률의 추이 및 위험도를 펀드평가사의 해당펀드 정보 및 안내설명서를 통해 확인하라. 비록 해외펀드에 대한 투자가 그 나라나 산업분야를 잘 아는 최고의 전문가가 운용하고 있기에, 장기투자 관점에서 믿고 기다려야 한다. 하지만 처음 투자할 때는 단순히 매스컴에서 수익률이 높은 것을 따르는 묻지마 투자를 할 것이 아니라, 먼저 기본 펀드 투자요령에서 살펴본 대로, 펀드평가회사 사이트의 정보를 통해 과거 수익률과 벤치마크(표준비교대상)를 비교해보자. 예를 들어 우리나라의 주식형 펀드의 경우 종합주가지수(KOSPI)와 비교하거나, 거래소의 대표적인 200개 종목(KOSPI 200)과 비교한다. 어느 국가에 투자한다면, 무엇이 표준비교대상이 될까? 바로 MSCI다. MSCI는 Morgan Stanley Capital

Index의 약자로, 모건스탠리에서 운용하는 대표적인 국제벤치마크지수이다. 전세계 주식, 채권, 헤지펀드, 자본시장 지수 등 다양한 종류의 지수들을 100여 개 정도 제시하고 있다. 글로벌 펀드들이 한국시장에 투자할 때 판단으로 삼는 대표적인 지수는 '신흥시장지수'이며 한국의 지수를 산출한 'MSCI코리아 지수'도 있다. MSCI코리아 지수에 반영되는 기업은 분기별로 수정된다. MSCI지수의 산출기준은 실제 유통 가능한 주식을 기준으로 하는 '유동주식 방식(Free Floating)'으로 최소 유동주식량, 유동성, 외국인 투자자 매매 가능성 여부 등을 엄격히 따진다. 이같이 까다로운 자격요건 때문에 미국 펀드 등 많은 글로벌펀드의 주요 투자 기준이 되고 있다. 즉 국가라면, MSCI 등으로 비교하는데, 수익률이 이 기준선보다 아래에서 수익률을 거두었는지 비교할 수 있을 것이다. 표준편차나 샤프지수는 이미 앞 장에서 설명하였지만, 동일하게 평가에 적용할 수 있다.

세 번째, 펀드의 부가비용 중 세금과 환율에 대해 유의하라. 펀드에는 선취수수료, 운용보수 등이 거의 비슷하여 대부분 선취판매수수료를 부과하는 게 일반적이다. 하지만, 세금의 경우 국내와 유사하면서도 다르다. 우선 환매 시와 펀드의 결산시점에 15.4%의 세금이 과세된다. 국내에 설정된 펀드가 아닌 역외펀드의 경우 모든 투자수익에 대하여 과세되며, 채권형 펀드는 역외펀드와 역내펀드 즉 국내에 설정된 모든 펀드에 과세된다. 그리고 국내에 설정된 해외투자펀드는 주식투자 시 발생하는 배당소득은 과세하나 주식매매차익으로 인한 소득은 비과세됨을 기억해야 한다.

환율은 환매 시 중요하다. 0.2%에서 3.5%까지 부과하는 환전수수료뿐만 아니라, 기준통화의 약세·강세의 분위기도 고려되어야 할 것이다. 물론 계약할 때 환헤지를 통해 환위험을 극복할 수 있지만, 가능여부는 해당 가입기관에서 꼭 확인해야 한다. 또한 1년 이상의 장기투자의 경우 네팅거래를 이용하는 것도 하나의 방법이다. 네팅거래란 상호간에 발생한 채권, 채무를 상계한 후 차액만을 결제하는 것을 말한다. 적립식 펀드의 경우나, 통화의 분산투자를 할 때 환헤지를 고려하지 않아도 된다.

3단계 : 흐름파악

펀드투자의 기본원칙과 같이 흐름을 파악하는 것은 중요하다. 다만, 세계 경기 전체를 통해 파악해야 한다. 여기서 꼭 명심해야 할 것이 '영원한 1등은 없다' 는 것이다. 따라서, 가능한 여러 군데에 투자해 위험을 분산해야 한다.

4단계 : 관리

이미 펀드 선택의 요령에서 살펴보았지만, 다시 한 번 정리해보자. 또한 해외펀드의 경우 국내보다, 10일 정도 늦게 환매되기에 자금사용계획에 맞춰 여유 있게 환매를 해야 한다. 또 선취수수료가 부담되지만 1년 이상 장기투자를 할 경우에는 매년 부담되는 총보수가 저렴하기 때문에 유리하다는 점도 명심해야 한다. 환율 역시 중요한데, 환헤지 계약을 하거나, 통화의 분산을 통해서 위험을 줄여야 할 것이다.

해외펀드는 적립식보다는 거치식을 통해 분산하는 것이 낫다. 이는 선취수수료 측면 등 비용을 고려해 비교해본 결과이다.

선진국, 중진국, 개발도상국 등에 투자해 고수익을 노리지만, 분산투자가 오히려 유리하다는 점을 무시해서는 안 될 것이다.

보험사에서도 펀드를 가입할 수 있다

간접투자 판매자격이 있는 보험설계사들에게 펀드를 들 수 있다. 이는 은행이나 증권, 보험사 모두 판매사이고 2008년에 실행될 자본통합법의 영향이라 보여진다. 아직은 진행 중이므로, 보험사 역시 현재의 법 규정 안에서 이러한 욕구를 채우기 위하여 보험에 기반한 다양한 상품을 출하하고 있다. 이러한 상품 중에는 투자의 성격이 강한 보험도 있기에 소개한다. 변액유니버셜보험이다. 최근 변액보험에 대한 불완전판매가 이슈가 되었을 때, 대상이 되었던 보험이다. 아래에서 설명한 기능 중 유니버셜 기능만을 강조한 불완전판매인데, 10년 이상의 장기투자라면, 오히려 비과세 혜택 등의 장점이 될 수 있는 보험이다.

먼저 변액유니버셜보험을 세 가지 특징으로 정리해보고, 다시 정리 및 투자를 위한 방안을 살펴보자.

첫째, 변액이다. 이는 보험사에서 필수적으로 필요한 사업비를 제외한 금액을 투자하는 것을 말한다. 사업비는 대개 10만 원을 가입했을 경우 2만 원 정도가 들어가는데, 일반 적립식 펀드와 비교한다면, 10년 이상의 장기투자를 한다면 오히려 비과세 혜택과 수수료를 제외한 면에서 유리하다. 특히 최근의 변액유니버셜보험의 경우 해외주식에 투자하는 펀드도 있으므로, 10년 이상의 장기 상품이라면 가입할 만하다.

둘째, 유니버셜 기능이다. 이는 예를 들어 의무납입기간인 2년이 지나거나 일정금액이 500만 원 이상인 경우, 한도 내에서의 수시 입출금, 월대체공제는 적립된 금액에서 계속 나가지만 현재 납입은 중지할 수 있는 납입중지기능 등을 말한다.

셋째, 보험기능이다. 이는 건강 특약을 추가하거나, 최소사망보장을 받을 수 있는 기능을 말한다.

변액유니버셜보험을 다시 한 번 정리해보면, 장기투자＋추가납입, 납입중지 기능＋특약(암, 수술 등 다양한 질병에 관련된 특약)과 최소사망보증금 등의 보험기능을 가진 상품이다. 장기투자관점에서 변액유니버셜보험을 어떻게 설계할 수 있는지를 알아보자. 우선 월 납입금액(장기자금으로 필요한 금액과 현재의 재정상황을 비교하여 정한다)을 결정하고, 최소사망보장금을 최소가입금액(일반적인 예 : 1,000만 원～2,000만 원)으로 가입하여 특약을 첨부하지 않는 방법을 사용한다. 특약을 첨부하지 않고, 최소가입금액을 선택하는 이유는 투자의 효과를 극대화시키기 위해서다. 즉 변액유니버셜보험의 경우, 납부 보험료는 두 가지의 바구니로 나눌 수 있다. 첫째, 보장을 위한(최소사망보장금, 특약) 일반계정, 둘째, 투자를 위한 특별계정으로 가게 된다. 즉 연금보다 투자의 효과가 큰 변액유니버셜보험을 사용함으로써 연금의 목적인 은퇴자금의 조기확보라는 효과를 극대화시키는 것이다. 물론 가입 후에는 손 타지 않게 15년

이나 20년 동안은 이름표(목적자금 예를 들어 은퇴, 자녀교육자금)를 붙여놓고 숙성시켜 놓으면, 은퇴나 자녀 교육자금으로 아주 훌륭한 맛을 내는 포도주가 될 거라 생각된다.

사실 변액유니버셜보험은 태생이 보험이다. 이는 생명보험의 특징인 입원특약, 수술특약 등 다양한 특약을 통해서, 보험의 기능에 충실할 수 있다. 그런데, '보험사에도 펀드를 가입할 수 있다'는 절에서 다루는 이유는 보험 중 가장 투자의 성격이 강하기 때문이다.

앞으로 10년, 펀드가 당신의 인생을 바꿀 것이다

장기적인 투자 관점에서 볼 때 현재 최고의 재테크 수단이 된 펀드가 인생을 바꿀 정도로 중요해진 이유는 첫째, 수요적 측면이 가장 크다. 수요 즉 매달 주식 등을 사야 하는 의무를 갖게 하는 상품들이 많아졌기 때문이다. 즉, 국민연금의 주식투자 비중의 확대와 보험에 투자성격이 가미된 변액보험의 증가, 그리고 퇴직연금시장의 확대이다. 둘째, 인식의 변화다. 저금리가 몇 년 동안 굳어지면서, 저축만으로는 안 된다는 생각이 투자로 옮겨왔다. 셋째, 국가들의 성장이다. 중국과 인도 그리고, 중남미 국가들뿐만 아니라, 동남아시아 국가들의 경제 성장 가능성은 펀드의 10년 상승설을 뒷받침한다. 다만, 엔케리트레이드 자금의 청산과 중국의 고감도 긴축정책과 세계를 이끌고 있는 미국경제의 위축은 중·단기적 악재로 적용할 가능성이 있지만, 인류의 부는 꾸준히 증가하였다. 이데올로기의 시대가 아닌 머니베이스(Money-Based)의 시대는 앞으로 10년은 최고의 투자 기회가 될 것이라 생각한다.

적립식 펀드의 장단점 및 투자요령

펀드 투자의 개념정립에서 살펴보았지만, 적립식 펀드는 하나의 투자방법이다. 최근 종합주가지수의 견고한 흐름은 이러한 적립식 펀드의 자금유입임을 누구나 인정하는 것이다. 그러나, 적립식 펀드는 모든 거치식 펀드 투자와 같이 수익률을 미리 예측할 수 없다는 것, 5년에 3억 만들기와 같이 의무기간이 있는 것 같지만 5년은 상징적인 것이며 성과가 나지 않을 경우 환매를 선택해야 하는 문제점이 있다. 가장 중요한 단점은 보수와 수수료를 합친 총비용이 매년 지불된다는 점이다. 장기투자를 하려면 초기에 비용을 떼는 펀드를 고르는 것도 하나의 방법이다.

물론 적은 돈으로, 장기간 투자할 수 있는 장점도 있다. 거치형 투자처럼 시장의 영향을 별로 받지 않기 때문에 분산투자 중 시간투자의 일부분으로 자리 잡았다.

그렇다면, 적립식 펀드는 어떻게 투자하는 것이 좋을까?

첫째, 단순하면서도 명쾌한 운용철학을 가지는 펀드가 먼저다. 복잡한 금융공학적인 것들은 우선 제외한다. 이는 이미 검증된 펀드 및 안정적인 운용사와 규모가 큰 펀드를 골라야 하는 당위성을 가진다. 주식형 펀드를 많이 추천하는 것도 이러한 이유다.

둘째, 장기투자인 만큼 변동성이 어느 정도 있는 펀드가 적합하다. 변동성이 있어야 보다 높은 수익을 기대할 수 있기 때문이다. 왜냐하면 적립식 펀드는 정기적인 물타기이기 때문이다.

셋째, 先 펀드, 後 판매사 선택이다. 먼저 좋은 운용사의 펀드를 선택하고, 어느 은행에서 판매되는지 파악한 후에 가입하는 것이 좋을 것이다.

넷째, 정기적립식을 선택하자. 자유적립식이 있지만, 정기적 물타기라는 적립식 펀드의 시간 분산적 장점을 찾기 위해서는 정기적립식이 먼저다.

다섯째, 굳건하자. 선택 시에는 돌다리도 두드려봐야 하지만, 가입 후에는 몇 년 동안 시장 상황에 부화뇌동하지 않는 굳건한 심지가 필요하다.

08 눈덩이를 굴리는 요령

재테크 상담을 담당하면서, 단순히 얼마가 있는데, 또 어떻게 하고 있는데 어떤 식으로 운용하는 것이 가장 좋은지 해답을 달라는 문의가 많다. 같은 액수라도 사람에 따라, 그 돈이 갖는 의미가 다르고, 사용하려는 목적이 다른 상황에서 정확한 답을 준다는 것은 개별상담이 아닌 한 어려울 수밖에 없다. 결국 "금과옥조"라고 하는 일반적 원칙으로 돌아갈 수밖에 없다. 터놓고 말하면 뻔한 얘기만 하게 되는 애로점이 있다. 모델포트폴리오를 제시해도 각자의 성향과 상황에 따라 다르기 때문에 '내게 맞는 정답'은 내가 찾아야 한다.

자 그렇다면, 어느 정도를 눈덩이라 할까? 또한 거치형 펀드에 들어갈 수 있는 1,000만 원 정도를 우리는 최소의 눈덩이라 할 수 있다. 이는 눈 뭉치 만들기 요령에서 언급한 '동시 진행'이 적용되는 것이다. 즉 매월 적금이나, 적립식 투자를 통해 눈덩이를 만들어야 한다.

1,000만 원의 투자요령

이 돈은 학습료이다. 즉 정말 꼭 써야 할 용도가 있는 자금은 학습료에 해당하지 않는다. 이 경우 국내 주식형 펀드나 해외펀드처럼 공격적으로 운영해야 할 것이다. 이때 잊지 말아야 할 것이 있다. 단순히 누군가의 말을 통해 투자하는 것이 아닌 나만의 논리와 근거를 통해 투자하자. 딱 한 가지의 상품을 선택하고 학습하라. 예를 들어 국내 주식형 펀드나 ELS를 고려한다면 매일매일의 종합주가지수(KOSPI)의 상승, 하락 요인을 적어보는 것이다. 여기에 관련된 주식투자 책도 읽어보고 신문 스크랩도 하다 보면 나만의 전략을 세워나갈 수 있을 것이다. 해외펀드를 고려한다면, 투자하는 나라에 대한 전반적 이해, 그 펀드 중 주요 10개 투자종목(Top 10 Holdings)에 대한 각각의 공부, 기본 펀드투자의 공부 등을 처음에는 추천펀드를 받더라도 서서히 해나가면 될 것이다. 그리고, 1년 정도 뒤에 평가하라. 만약 손실이 났다면, 손실을 막기 위한 방법은 무엇인지, 다음에는 어떻게 대처할 것인지 꼼꼼하게 피드백을 해야 할 것이다. 이익이 났다면, 이 목표수익은 20% 정도로 하자.

3,000만 원의 투자요령

이미 '동시진행'을 통해서 2,000만 원 정도는 늘어날 것이고, 이를 다시 눈덩이에 사용하는 단계이다. 이제 자금을 나누어서 투자하자. 즉 성장형 주식형 펀드, 배당주 펀드 등에 60%를 배분하고, 40%는 해외펀드로 나누어서 투자해보자. 이에 대한 방법은 이미 요즘의 재테크 트렌드인 펀드, 국내펀드 및 해외펀드를 통해 언급하였지만, 다시 한 번 살펴보자. 물론 피드백과 학습의 중요성은 뼈에 새기고, 행동에 반영하자.

1억 원의 투자요령

앞에서 살펴본 내용을 1,000만 원, 3,000만 원의 투자요령을 함께 정리한다는 점에서 단계별로 다시 한 번 살펴보자. 1억 원 이상의 투자에서는 절세재테크는 필수라는 것을 명심하자.

❶ 투자금액 · 총자산의 비율을 먼저 계산하고, 원금보장만을 추구할 것인가? 아닌가를 먼저 생각해보자

투자를 하기에 앞서 우선 내게 투자금액이 의미하는 것, 즉 총자산에서 투자금액이 차지하는 비중을 먼저 생각해봐야 할 것이다. 꼭 원금보장이 되어야 하는 돈으로 총자산일 경우, 이 돈만으로 생계를 유지해야 한다면 아주 보수적인 투자를 하여야 한다.

❷ 목표수익률, 투자기간을 정하자

목표수익률과 투자기간은 동시에 충족되는 경우보다는 둘 중 하

나만 먼저 충족되는 경우가 일반적이므로, 환매전략(5-3-2)을 취하자.

예를 들어, 이미 가입한 상품 중에 정기예금상품이 있다면 정기예탁금인지 먼저 체크하자. 정기예금과 정기예탁금은 1.4%의 농특세만 부과받느냐 아니면, 15.4%의 이자소득세까지 모두 부과되느냐에 따라 큰 차이를 보인다. 만약 정기예탁금이 아니라면, 배우자와 함께 2,000만 원씩 정기예탁금으로 전환하자. 20세 이상의 자녀가 두 명이 있다면, 4×2,000만 원=8,000만 원을 가입할 수 있다. 그리고 남는 투자금액은 세금우대상품으로 가입하자. 9.5%의 이자소득세가 부과되므로, 배우자까지 2명이라면, 4,000만 원까지 가입이 가능할 것이다.

위의 상품에 1억 이상을 가입했다면, 이제 나머지 상품은 조금은 공격적으로 짜면 된다. 공격적 투자 역시 자신의 상황을 고려한 후에 할 일이다. 공격적 투자에서 우려되는 것은 너무 수익이 많이 나서 금융소득종합과세가 되는 것이다. 우선 자신과 배우자의 이름으로 각 펀드를 잘 배분하여 1인당 4,000만 원이 넘지 않도록 분배하는 것이 중요하고, 전문가와 의논하면서 금융소득종합과세를 피해갈 수 있도록 관리할 필요가 있다.

공격적 투자로 추천할 수 있는 펀드는 국내 고배당주에 투자하는 주식형 펀드, 이머징유럽에 투자하는 펀드, 라틴아메리카에 투자하는 펀드, 차이나 펀드 등이다.

거치식에 적합한 절세상품

물론 투자의 입장에서는 15.4%의 이자소득을 부담하지만, 더욱 더 높은 수익을 얻을 수 있는 상품도 많다. 하지만, 절세상품을 먼저 파악하는 것도 하나의 방법이다. 1,000만 원과 3,000만 원 그리고, 1억 원으로 구분하여 설명했지만, 이제 구체적으로 상품 중심으로 살펴보자.

■ 정기예탁금 – 비과세(냉정하게 저율과세)

앞에서 언급한 대로 정기예탁금 역시 비과세 혜택이 있어, 1년 정도나 3년 정도의 상품추천에 좋은 상품이며 신용협동기구에서 취급한다. 신용협동기구란 지역 주민, 영세소득자, 같은 직장이나 단체의 구성원들이 조합원이 되어 운영되는 지역 서민 금융기관이라고 할 수 있다. 신용협동기구에는 농어촌의 농어민으로 조직된 농협과 수협의 단위조합, 거주지역이나 직장 등 공동 유대관계로 조직된 신용협동조합, 그리고 지역적 유대관계로 조직된 새마을금고가 있다. 이들은 은행권에 비해 대외 신인도와 거래의 편의성 면에서는 상대적으로 열위에 있으나, 손쉬운 대출과 함께 금리와 세제상의 혜택으로 지혜롭게 이용한다면 많은 이점이 있는 금융기관이다. 이런 신용협동기구에서 가입할 수 있는 예탁금에는 자립예탁금과 정기예탁금 등의 종류가 있는데 자립예탁금은 은행의 수시입출금식 저축예금과 유사하며, 은행의 정기예금과 유사한 상품인

정기예탁금이 있다. 정기예탁금은 은행권보다 저율과세 되며, 상대적으로 높은 금리를 받을 수 있는 상품으로 목돈 운용에 아주 적합하다. 일반적으로 은행권 등의 비과세 상품에는 적금식 상품만 있으며, 가입기간도 최소한 3년 이상인 데 반해, 목돈을 운용하기에 적합하면서도 가입기간에 관계없이 항상 저율과세 혜택을 받는 것이 가장 큰 특징이며 장점이라고 할 수 있다.

정기예탁금은 이자소득세가 면제되는 특징으로 금융소득종합과세 대상에서도 제외되므로 목돈을 운용하기에 아주 유리하다. 저율과세 되는 한도는 1인당 2,000만 원까지이므로, 우량한 신협을 선택해서 가족 수(미성년자 제외)만큼 분산해서 가입해 둔다면 많은 도움이 될 것이다. 더구나 가입기간을 고객이 원하는 만큼 만기로 정할 수 있어, 가입기간에 구애받지 않고 저율과세 되는 혜택을 누릴 수 있다. 요즘은 경쟁력 제고와 고객의 편의를 증진시키기 위해 신용카드사와 업무제휴를 통해 신용카드를 발급하기도 하며, 폰뱅킹 서비스와 인터넷뱅킹 서비스까지도 제공하고 있다. 그러므로 가까운 신협 등을 이용할 때 이러한 서비스를 충분히 활용하는 지혜가 필요하다.

■ 주가지수연동상품 - ELD, ELS

주식시장의 불안정한 모습과, 은행권의 저금리 상황이 지속되면서 투자자들이 안정적이면서도 어느 정도 확실한 투자수익을 올릴 수 있는 상품을 찾아 움직이게 되었다. 그에 따라 원금보전이 가능하면서도 추가적인 수익을 얻을 가능성이 있는 상품이 등장하게 되었는데, 바로 ELD와 ELS이다. ELS나 ELD의 차이점을 논한다면, 한마디로, 원금보장이 되느냐, 원금보장을 추구하느냐이다. 원금보장이 되는 것은 원금의 손실이 전혀 없는 것을 말하고, 원금보장의 추구는 그만큼의 책임을 고객이 지면서, 이익도 보장을 더 받을 수 있는 것을 말한다.

주가지수연동상품이 꼭 커다란 수익을 줄 수 있는 것은 아니다. 예를 들어 ELS의 경우 원금보장추구형을 선택하더라도, 세금 납부 후를 계산하면, 손해도 볼 수 있기 때문이다. ELD의 경우는 원금보장은 되지만, 상승기의 경우 상품의 세부적 구조의 내용에 따라 1년간 투자금액이 묶이고, 그 후에 원금만 받게 되어 실질적으로 마이너스가 될 수 있다.

ELS(Equity Linked Securities, 주가연계증권)는 수익률이 주가지수의 움직임과 연동하여 결정되면서 주가가 가입시점보다 하락하더라도 원금을 보장해주는 신종 금융상품이다.

이 상품은 투자금액의 상당부분을 채권에 투자하고 일부를 주가와 연계된 옵션 등 파생상품에 투자하여 원금이 보존되면서 주가상승에 따른 수익을 확보할 수 있도록 설계되어 있다.

과연 어떤 투자자에게 좋을까? ELS는 주식투자경험이 없으나 주식투자를 하고 싶어하는 사람이나, 주가 상승의 가능성을 높게 보기는 하나 하락의 가능성도 있을 수 있어 판단하지 못한 사람, 원금손실 자체를 싫어하는 보수적인 사람, 주가가 크게 상승하지는 않으나 박스권에서는 강하게 움직일 것으로 보는 사람에게 추천할 수 있다.

ELS와 주가지수연동예금(ELD, Equity Linked Deposit)은 원금이

보장된다는 점과 주가지수와 수익률이 연동된다는 점에서 동일하지만, 서로 다른 점이 있다. 첫째, 증권사 ELS상품은 증권사의 신용을 바탕으로 발행되므로, 발행증권사가 부도가 나지 않는 한 증권사의 운용성과와 상관없이 사전에 약속된 수익의 지급이 보장된다. 따라서 증권사 ELS 상품에 가입하려면 증권사의 신용상태를 파악하는 것이 중요하다.

ELD는 은행이 원금을 보장하며 대부분의 투자자금 일부를 은행 정기예금에, 일부를 주가지수 옵션에 투자하는 구조를 가지고 있다. 또한 최근의 추세 중에 해외주가지수나, 리츠지수 등을 이용한 상품 등 다양한 상품들이 출시되고 있다. 둘째, ELS는 ELD보다 상대적으로 수익률이 높고 발행 상품의 수가 다양하다. ELD가 하나의 원금보장형 상품만 설계 가능한 데 비해, ELS는 원금보장형 이외에 원금의 일부만 보전하면서 기대수익률을 상향 조정할 수 있는 상품의 다양한 설계가 가능하다는 말이다. 단점으로는 같은 상품의 경우 중도 매매 시에는 잘해야 원금을 건질 수 있을 정도여서 실질적으로 해지가 불가능하다는 점이다. 이것은 수수료만 내면 환매가 가능한 인덱스펀드나 추가비용 손실 없이 매매가 가능한 ETF에 비해 ELS의 상대적인 약점으로 꼽힌다. ELS의 기본개념은 원금보전이지만, 모든 ELS가 원금을 보전하는 것은 아니라는 점을 유의해야 한다.

증권사들이 가장 많이 내놓고 있는 상품의 유형은 한 번이라도 주가지수의 상승률이 미리 정해놓은 수준에 도달하면 만기수익률이 확정이 되는 "넉-아웃형"이다. 하지만 이외에 불스프레드형, 리버스컨버터블 형 등이 있고, 같은 형태의 상품이라도 증권사별로 투자효과가 상이하다는 점을 유의하고 반드시 상품에 대한 설명을 들은 후 가입하여야 한다.

개별 운용사들의 과거 수익률을 비교 및 검토하는 작업도 필수적이다. 또 하나 유의할 점은 이 상품의 경우 일반 주식투자의 경우와 마찬가지로 가입시점이 매우 중요하다는 점이다.

가입시점에 대해 자신이 없다면 주식투자와 마찬가지로 투자시기를 분산하는 방법을 사용하는 것도 좋다. ELS상품 등 주가지수 상품에 대한 투자는 기본적으로 고수익보다는 안정투자의 대안으로 이용이 가능하며, 기존의 ELD보다는 예상 수익률이 높다는 점이 투자자들에게 메리트를 제공하고 있다. 또한 주식 직접투자에 대해 자신이 없는 개인들의 보수적인 투자대안으로서도 적합한 것으로 판단된다.

■ 선박펀드 – 비과세

선박펀드는 국내 해운업계를 발전시키기 위해 개발된 상품이다. 우리나라의 조선은 세계 1위를 자랑하지만, 해운업계는 매우 미약한 편이다. 해외 선주들이 우리나라 조선소에서 배를 만들어 국내 해운회사에 배를 임대해주고 큰 수익을 올리고 있는 데 비해 국내 해운회사들은 자체 선박 보유율이 지극히 낮다. 선박펀드는 은행 차입금 및 일반 공모자금으로 선박을 건조한 뒤 해운업체에 장기간(대략 15년) 빌려주고 용선료를 받아 그 수익을 투자자들에게 배당하는 방식으로 운용된다. 예컨대 '동북아 14호 선박투자회사'는

15년간 존립하는, 컨테이너 선박 1척만 소유하는 서류상의 회사다. 선박펀드의 배당수익은 대체로 연 6.0~6.5%(비과세 혜택을 감안하면 연 7.5% 수익률)인데, 채권 이자처럼 3개월마다 고정적으로 지급된다. 단지 늘 있는 상품이 아니니 눈과 귀를 열어 선박펀드 공모에 관심을 기울여야 가입할 수 있다.

선박펀드 외에 유전개발 및 인프라펀드라 하여 액면 3억 원에 한하여 2008년 말까지 5.5%의 저율과세가 되는 상품도 있으며, 하이일드펀드라 하여 1억 원에 한하여 2009년 말까지 6.4%의 분리가 되는 상품도 있다.

세금을 아는 것, 재테크의 기본이다.

09 대출 전략

　가장 낮은 대출상품은 무엇일까? 조금은 대출에 지식이 있는 사람의 경우 담보대출이라 말한다. 하지만, 이보다 낮은 대출상품이 있으니, 바로 정책대출이다. 따라서, 금리가 낮은 순으로 언급한다면, 정책대출 → 담보대출 → 신용대출이라 할 수 있다.

　흔히 내 집을 마련할 경우 대출은 필수적이다. 그런데, 이를 신용대출을 통해서 해결하는 경우가 많다. 이는 상품에 대한 이해가 많이 부족하기 때문이다. 따라서, 대출상품에 대한 이해가 먼저일 것이다.

　대출상품에 대해 살펴보기 전에 몇 가지 필수지식과 실제 활용할 수 있는 Action plan을 중심으로 살펴보자.

대출필수지식 2가지

대출필수지식 1 적용금리의 종류

대출에 적용되는 지식은 크게 나누어 변동금리와 고정금리로 나누어 볼 수 있다. 시중 은행의 변동금리에는 1개월, 3개월, 6개월, 1년 주기 등으로 변동하는 금리가 있는데 그중 가장 대표적인 것은 3개월 CD연동금리이다. 즉, CD의 유통수익률에 +2%P의 금리를 적용하는 것이며, 대출을 이용하는 고객의 신용도 등에서 가산금리에 가감이 있을 수 있다.

고정금리라 함은 금리의 변동이 거의 없는 프라임레이트 연동금리와, 모든 대출기간 동안 동일한 금리가 적용되는 경우다.

2006년의 경우 금리적용 방식이 저금리 기조와 보다 안정적인 자금의 운용처를 찾던 은행의 요구로 기존의 프라임레이트 금리 방식에서 CD연동대출금리로 대거 옮겨갔으며, 부동산담보대출 규모 자체도 은행 여신 규모에서 차지하는 비중이 매우 커졌다. 비록 한국금융공사에서 고정금리인 모기지론을 하고 있는 상황이지만, 아직까지는 변동금리에 대한 비율이 높다. 변동금리 방식은 저금리 시에는 유리하지만 금리 상승기에는 부담이 커진다. 벌써 2007년의 경우 부담이 되고 있다.

대출필수지식 2 설정비와 중도상환 수수료

통상 대출금액의 1.5~2%가량이 소요되는 설정비는 한때, 은행별로 우량 대출 고객을 유치하기 위하여 대출 기간이 3년 이상인 상품의 경우에는 근저당 설정비 등의 부대비용을 은행에서 부담하는 대출을 많이 이용하였다. 현재는 이런 서비스가 줄어든 것은 사실이나, 아직도 남아있는 은행도 있다. 물론 대출을 이용하는 고객의 입장에서는 비용 부담이 줄어 일견 유리해 보이는 것은 사실이나, 반대급부로 3년 이내에 중도상환할 경우에는 패널티 성격의 상환수수료를 부과하게 된다. 따라서 설정비도 없으면서 중도상환 수수료도 없는 대출은 사실상 없다고 보면 된다. 또 은행에 따라 설정비를 고객이 부담한 경우에도 중도상환 수수료가 있는 경우도 있으므로 반드시 이를 확인하여야 한다.

그러므로 대출을 이용할 때에는 소요되는 부대비용을 확인해보는 것과 함께 대출상환 계획까지도 반드시 감안하여 설정비 면제 여부를 선택하여야 한다.

즉, 3년 이상의 대출 기간을 이용할 경우 설정비 면제를 선택하며, 이 상품은 여유자금이 생길 때마다 자유로이 상환할 수 없다는 점을 꼭 기억해야 할 것이다. 대다수의 고객들은 바로 이런 부분에서 취약하기 쉽다. 단순히 눈앞의 설정비 면제라는 떡이 커 보이기 때문이다. 고금리의 대출 상품에서 낮은 대출 상품으로 갈아타기를 시도하는 고객의 경우에도 반드시 이를 감안해야 하는 것은 당연하다.

대출상환계획 Action 3단계

대출상환계획 Action 1 대출 가능액 체크

대출에서 가장 중요한 사항으로 선순위 대출이 있는 상황에서는 큰 규모의 대출이 어려울 수도 있다. 즉 집을 살 경우 전 소유자가 가진 기존 대출을 승계받고, 추가로 대출을 받으려고 한다면, 우선 은행에 대출이 가능한지에 대해 먼저 확인해봐야 한다. 대개 대출 금액에서 어느 정도 근저당으로 설정하게 되는가를 체크하고, 지역과 전세 임대 유무와 담보주택의 시가 등에 따라 달리 적용된다.

대출상환계획 Action 2 대출상환방식 체크

이자부담이 가장 적은 원금균등분할 상환방식으로, 이는 원금을 매월 동일한 금액씩 상환하는 것으로 대출 초기에 원금상환액과 이자 부담이 큰 단점이 있다. 또는 원리금균등분할 상환방식이 있겠는데, 이는 원금상환 비중이 점점 커지면서 반대로 이자 부담액은 작아지는 것으로 대출 기간 동안 매달 같은 금액을 지출하게 된다. 이 경우에는 대출 상환 계획을 자신의 소득액과 비교하여 쉽게 마련할 수 있는 장점이 있다. 마지막으로 만기 일시 상환방식이 있겠는데, 이것은 대출기간 내내 이자만 부담하다가 만기 시에 대출 원금을 상환하는 방식이다.

대출상환계획 Action 3 대출상환계획 수립

대출상환은 주택 구입 자금의 70% 이상이 자신의 준비자금으로 마련되었을 때 주택을 구입하는 것이 이상적이다. 바로 이 점을 환기시키고, 대출상환 계획을 세워야 할 것이다. 예를 들어, 한 달에 약 500만 원가량을 상환할 수 있을 것으로 예상되는데, 이를 바탕으로 상환기간을 대략적으로 잡아보면 70개월로 예상된다. 이를 다시 원리금균등분할 상환방식으로 6.8%의 이율을 적용해보면 원금과 이자를 합하여 매달 607만 원 정도 필요하다. 그러나 이것은 중도상환의 패널티가 없는 조건으로 가정하였으므로, 만약 중도상환이 어려운 대출상품이라면 3억 5천만 원의 이자를 계속 부담하면서, 3년짜리 적금을 계속 불입하여 대출상환액을 마련해야 한다. 이때에는 계속 이자부담이 크고, 적금 만기 시 이자소득세 부분을 생각한다면 그다지 유리한 조건이 아닐 수도 있다. 따라서, 위에서 언급한 지식을 바탕으로, 정확한 대출상환계획을 수립해야 할 것이다.

대표적 장기대출상품

모기지론은 단기적인 부채를 가진 고객들에게 설득할 수 있는 좋은 상품이다. 모기지론이란, 한국주택금융공사는 2004년 3월 1일 정부와 한국은행이 전액 출자한 정부산하 금융기관으로 주택저당채권의 유동화와 주택금융 신용보증업무를 수행함으로써 주택 금융의 장기적, 안정적 공급을 촉진하여 국민의 복지증진과 국민경제의 발전에 이바지함을 목적으로 설립되었다.

2004년 3월 25일에 시행되었으며, 대출자격은 만 20세 이상의 무(無)주택자 또는 1주택 소유자로 운용주체는 한국주택금융공사이다. 좀 더 자세히 그 원리까지 살펴보자. 모기지론이란 일반적으로 주택을 담보로 주택저당증권(MBS)을 발행하여 10년 이상의 장기주택자금을 대출해주는 제도를 말한다. 모기지론을 이용할 경우, 주택수요자의 입장에서는 장기주택담보대출을 받아 집을 산 뒤 장기간(보통 10년 이상, 고정금리) 원금과 이자를 분할하여 상환하게 되므로 통상 집값의 30%만 가지고 주택을 살 수 있는 이점이 있다. 또 은행 등 금융기관의 경우 주택저당채권 매각, Mortgage·MBS Swap 등을 통해 대출 보유에 따른 대손발생 등 신용위험과 금리위험을 제거할 수 있는 장점이 있다.

그렇다면, MBS는 무엇일까? MBS는 Mortgage Backed Securities(주택저당증권)의 약자이다. 일반 고객이 은행에서 주택담보대출을 받을 때 주택에 대한 근저당을 설정하게 된다. 은행의 입장에서 볼 때는 그 주택을 담보로 대출금을 회수할 권리 즉, 대출채권을 가지게 되는데 이를 주택저당채권이라 한다. 이 주택저당채권을 기초로 하여 발행하는 증권을 MBS라고 한다.

국내의 모기지론은 한국주택금융공사에서 나온 보금자리론이 대표적인 상품이다. 10년, 15년, 20년, 30년의 상품이 있으며, 15년 이상은 소득공제의 혜택까지 받을 수 있다. 대출만기 시 연령은 만 75세 이내이며, 차입자 연령이 만 55세(만 45세) 이하인 경우에 한하여 20년(30년) 만기 선택이 가능하다.

보금자리론은 10년, 15년, 20년, 30년 만기 조건에 따라 각각 한국주택금융공사에서 제공하는 기준 대출금리를 적용받는다. 2007년 3월 현재 각 기간의 보금자리론 금리는 다음과 같다.

▶ 보금자리론 금리(2007년 3월)

대출만기		10년	15년	20년	30년
신청연령		20~65세	20~60세	20~55세	20~45세
대출금리	최고	6.15%	6.25%	6.35%	6.40%
	최저	5.95%	6.05%	6.15%	6.20%
e-모기지 사용 시	최고금리	5.95%	6.05%	6.15%	6.20%
	최저금리	5.75%	5.85%	5.95%	6.00%
만기일지정상환비율		대출원금의 75%	대출원금의 60%	대출원금의 50%	대출원금의 30%
거치기간		1~3년			
근로소득공제		적용안됨	납부 이자에 대해 최대 1,000만 원까지		

이 보금자리론은 각 은행이나 보험사에서 가입할 수 있다.

이외에 한국주택금융공사에서는 e-모기지도 취급하고 있다. 한국주택금융공사의 e-모기지는 "인터넷 기반의 모기지 대출"로 인터넷을 이용한 광고, 상담, 추천, 신청, 차입자격 확인, 대출심사 등의 업무처리를 의미하고, 대중적인 의미로 사용된다. e-모기지론과 보금자리론은 대출조건, 대출자격, 업무처리기준 등이 동일하지만, e-모기지론은 인터넷(온라인) 상에서 대출신청이 이루어지지만, 보금자리론은 창구(오프라인) 상에서 이루어진다. e-모기지론은 온라인으로 대출을 상담·신청·심사하기 때문에 대출취급비용이 절감되고 이를 바탕으로 금리가 할인되므로, 오프라인으로 취급되는 보금자리론보다 낮은 금리가 적용된다는 점이 가장 큰 차이라고 할 수 있다. 2007년 3월 현재 e-모기지론은 하나은행과 삼성생명의 660여 개 영업점을 통해 취급 중이다.

04

재테크 따라잡기! 문제도 아니지

금융상품 및 눈 뭉치 만들기, 눈덩이 굴리기 등의 요령을
참고로 실례와 더불어 재테크 따라잡기를 해보자.

25세 직장 1년 차 여사원의 재테크

이미 앞 장에서 금융상품 및 눈 뭉치 만들기, 눈덩이 굴리기 등의 요령을 살펴보았다. 이제는 실제 상담사례를 통해, 재테크 따라잡기를 해보자.

7월이면 직장 1년 차가 되는 25세의 미혼 여성인 김소소 씨가 매경 금융센터의 금융Q&A에 상담을 의뢰하였다. 재테크에 관심 많은 김소소 씨의 경우 직장 생활을 시작할 때, 적립식 펀드로 총 100만 원과 연금상품을 25만 원, 총 125만 원씩 넣고 있는데 그 외에 다른 펀드들도 조금씩 가입을 했는데 잘하고 있는건지, 투자금액을 CMA와 MMF에 두었는데 그것을 어디로 투자해야 하는지 잘 모

르는 상황이다. 적립식 투자 중심으로 하다 보니 약 1,500만 원 정
도가 그냥 놀고 있어서 이걸 어떻게 투자할 것인지 혼란스럽다.

과연 세후 월급이 220~230만 원 정도인 김소소 씨를 위한 좋은
방법은 없을까?

 김소소 씨의 금융기관 및 가입상품

금융기관	가입상품
미래에셋	- CMA : 800만 원이 있고 어디에 투자할 지 고민 중 - 펀드 : 디스커버리 100만 원(매달 20만 원씩 자동이체 　신청 중)
국민은행	- MMF에 100만 원 정도 - 펀드 : 미래에셋 3억 : 50만 원씩 10개월 불입 + 오늘 　200만 원 추가 　삼성우량주 : 50만 원씩 10개월 불입 　KTB 마켓밸류 : 20만 원씩 2개월 불입 - 연금 : 25만 원씩 10개월 불입
우리은행	- 일반통장에 약간의 생활비 정도 - 우리CS이스턴 : 20만 원 1개월 불입
푸르덴셜	- CMA : 320만 원, 푸르덴셜에 좋은 상품이 있나요?
동양종금	- CMA : 100만 원 - 밸류스타 : 10만 원씩 1개월 불입

저축패턴의 유지와 공격적인 투자로 선회

상담을 신청한 김소소 씨의 가장 큰 장점은 '열정과 자세'였다. 220~230만 원 정도 월급에서 월 170만 원이 적립식 펀드로 투자되고 있으니까 약 50~60만 원 정도만 생활비로 쓰고 나머지는 투자한다는 결론이 나오기 때문이다. 따라서, 지속적인 저축 패턴을 유지만 해도, 충분히 김소소 씨가 원하는 목표를 이룰 수 있을 것이다. 다만, 20대 중반이라는 연령을 고려하여, 투자금액의 70% 정도는 공격적으로 투자해야 할 것이다. 전문가들은 (100-나이)% 만큼을 적극적으로 투자하는 것이 이상적인 형태라 보기 때문이다. 주식형 적립식 펀드는 그리 공격적인 투자방법은 아니지만, 어느 정도 공격적인 면이 있기 때문에 초기 투자방법으로 적당할 것이다. 투자에 대해서 어느 정도 익숙해지고 나면 투자금액의 약 10% 미만에서 주식에 직접 투자할 것을 권한다.

은행과 증권의 역할은 판매사일 뿐

분산투자를 위해 삼성전자 주식을 대신증권, 삼성증권, 대우증권에서 산다고 과연 진정한 분산일까? 즉 펀드를 가입하는 측면에서

본다면, 은행, 증권, 보험의 경우 펀드를 판매하는 판매사일 뿐, 이에 대한 자산의 운영은 바로 자산운용사에서 하기 때문이다.

김소소 씨의 경우 우리 CS이스턴 펀드(월 10만 원)를 제외하곤 모두 국내 주식형 펀드에 가입되어 있다. 따라서, 분산투자의 입장이라면, 국내펀드 40%, 해외펀드 30%, 섹터 펀드 및 기타 펀드에 30% 정도 분산해도 괜찮다. 이는 중국, 인도, 동남아, 라틴아메리카, 동유럽 등 신흥 개도국들에 투자되는 펀드들이 공격적이면서 수익을 많이 낼 수 있기 때문이다. 물론 위험도 그만큼 많이 따른다. 하지만 수익을 내기 위해서는 그 정도 위험쯤은 감수해야 하지 않을까? 아직은 젊고 시간이 충분하기 때문에 이러한 공격적인 투자도 괜찮을 것이다. 또한 섹터 펀드(에너지 펀드, 광업주 펀드, 인프라 펀드 등) 및 기타 펀드(리츠 펀드, 부동산 펀드, 기타 실물 펀드 등) 투자도 생각해볼 만한 여지가 있다. 이러한 펀드들은 다른 주식형 펀드들과 별도의 경기 영향을 받을 수 있기 때문에 위험회피 및 분산투자 차원에서 좋은 선택이 될 수 있기 때문이다.

비상예비통장은 CMA 통장 중 하나를 선택해서

김소소 씨의 경우 CMA 통장 개수가 너무 많다. 추측건데 펀드 하나를 가입할 때마다 은행이나 증권사에 가서 하나씩 개설한 것으로 보여지는데 그럴 필요는 없다. 즉 은행이나 증권사들은 펀드를 운용하는 회사가 아니라 펀드를 판매하는 회사이므로, 대부분 은행이나 증권사들이 펀드 판매를 하면서 계열회사가 운용하는 펀드 하나쯤은 추천하는 게 보통이다. 현혹되지 말고 먼저 가입할 펀드를 결정한 후 그 펀드를 취급하는 곳에서 가입하면 될 것이다.

이제 일반적인 물건을 살 때의 경우를 적용하자. MP3를 살 때, 먼저 에누리닷컴과 같은 인터넷 비교 사이트에서 검색하고, 용산 상가나 테크노마트 등을 돌아보고, 그 가격을 비교해서 사는 것처럼 펀드 역시 이러한 방법을 적용할 수 있는 것이다. 즉 모닝스타 (www.morningstar.co.kr), 제로인(www.funddoctor.co.kr), 한국펀드 평가 등의 펀드 평가 사이트에서 우수한 펀드를 확인하고, 판매사를 선택하여 가입한다면 효율적인 투자를 할 수 있을 것이다. 또한 은행통장에서 자동이체시킬 수 있으므로, 그 방법을 사용해도 된다. MMF · CMA · 수시입출금통장 등은 언제든지 현금을 인출할 수 있는 계좌들이므로, 통상적으로 이곳에 비상예비자금을 보관하는데 급여의 3배 정도면 충분하다. 600~700만 원 정도면 충분하다고 하겠다. CMA계좌 1개, MMF계좌 1개 정도만 남기고 나머지는 정리하는 것이 필요하다.

아쉬운 점은 모든 펀드가 적립식으로 투자되고 있는 점을 지적했다. 직장 1년 차인 점을 고려하여, 종자돈을 마련하느라 그랬지만, 이제는 거치식 펀드로 갈아타는 것도 고려해야 할 것이다. 적립식은 안전하게 투자하는 방법 중의 하나임은 틀림없지만 아주 큰 수익을 내기에는 한계가 있는 것이 사실이다.

이에 대한 해결방법으로 1,320만 원의 CMA의 금액을 거치형 투자로 전환하는 것도 하나의 방법이다. 현재의 소비패턴을 볼 때, 비상예비자금의 금액은 일반 통장에 어느 정도의 여유가 있을 것 같아 보이므로, 이를 CMA에 320만 원만 남겨두고, 1,000만 원은 거치형 투자로 적용하는 방법의 고려도 필요하다. 현재 가입한 상품들은 무척 잘 운용되고 있으므로, 목표수익률을 체크하여, 50% → 30% → 20%의 환매기법을 통해서, 분산투자로의 방법을 선택하는 것도 필요하다.

인생에 꼭 필요한 자금을 말한다면, 보장자금, 생활자금, 긴급예비자금, 자녀교육자금, 자녀결혼자금, 주택마련자금, 노후자금, 부채상환자금, 사후정리자금 등이 있다. 이 중 보장자금과 긴급예비자금을 먼저 갖춰야 하는데, 보장에 대한 부분이 부족하므로, 손보사의 실손보상 중심의 상해 및 질병에 대한 보험의 가입도 고려해야 한다. 즉 필요자금을 먼저 언급한 이유는 단순히 돈을 많이 모아야 한다는 것보다는 재무설계 측면으로의 재테크의 보완을 말하고 있는 것이다. 또한 필요자금을 동시에 준비하자. 위에서 언급한 필수적인 자금들은 각자의 상황에 따라 비율이 바뀔 수 있고, 취사선택할 수 있는데, 즉 자녀교육자금, 자녀결혼자금 등은 둘 중 선택하여 뺄 수 있지만, 나머지는 동시에 추진하는 것이 좋다. 왜냐하면, 인생은 철학적인 말로 계속 흐른다고 표현할 수 있기 때문이다. 정리하면, 현재 투자되는 상품들의 목표수익률 등을 체크하고, 펀드에 대한 관리에 들어가야 하며, 나머지 이벤트도 동시에 준비해야 할 것이다. 꼼꼼한 김소소 씨의 경우 이제 가장 필요한 것은 재정 로드맵이라는 정확한 나침반과 지도이다.

34세 결혼을 앞둔 신혼부부의 재테크

다음 달에 결혼하게 되는 황석영 씨는 기쁨에 넘쳐있다. 현재 집은 전세에 살 계획이며(3,300만 원), 이 중에서 1,000만 원은 아버님한테 빌렸다. 매달 150만 원씩 고정적으로 아버님께 갚을 계획이다. 생활비는 매달 공과금 포함 100만 원 정도 예상된다. 매달 30만 원씩 연금납입계획이다. 자녀는 2명을 고려 중이며, 2년 정도 후에 가질 계획이다. 3년 후에 내 집 마련 계획도 가지고 있다.

황석영 씨를 위한 좋은 재테크 조언은 없을까?

1. 신혼부부의 7가지 재테크 필수 사항을 먼저 체크하라.
2. (결혼 前) 결혼비용의 Save 방법
3. (결혼 前) 서로의 마음을 서로의 입장에서 고려하자.
4. (결혼 後) 비상자금을 마련하자.
5. (결혼 後) 서로에 대한 비밀공유와 목표를 설정하자.
6. (결혼 後) 차근차근 계획을 가지고 준비하자.

신혼부부의 7가지 재테크 필수 사항을 먼저 체크하라

신혼부부가 꼭 살펴야 할 7가지 재테크 체크사항

1. 주택마련 전략은 수립되어 있는가?

2. 꼭 필요한 보험에 대한 가입 준비는 되어있는가?

3. 향후 5년 내, 10년 내, 궁극적으로 이루고자 하는 목표를 가지고 있는가?

4. 이러한 목표를 달성하기 위해 구체적으로 계획을 세우고 있는가?

5. 가계부 및 매년 가계의 재정현황을 작성할 준비는 되어있는가?

6. 비과세 및 소득공제형 상품을 제대로 알고 이런 상품을 이용하여 최대의

   세테크를 하고 있는가?

7. 자녀의 출산계획, 자녀 탄생 시 발생하는 변화들(본인의 퇴직, 양육비의 부담,

   장기 저축의 해약 등)에 대해 미리 생각해 자산을 운용·계획하고 있는가?

자, 이제 이러한 재테크 체크사항을 가지고, 황석영 씨에게 적용해보자.

현재 황석영 씨의 경우는 아래와 같은 연도에 예정된 재정이벤트가 이루어질 것이다. 즉, 55세를 기준으로, 은퇴 준비기간은 21년, 자녀계획은 2009년과 2011년, 대학입학 시(20세 입학 가정)까지 2029년(56세), 2031년(58세)이 되고, 결혼은 30세와 28세로 가정하면, 2039년(66세), 주택구입기간은 2009년(36세) 정도로 시뮬레이션할 수 있을 것이다. 약간의 변동이 있을 수 있지만, 이미 예정된 경우라 할 수 있다. 따라서, 이러한 경우라면, 가장 급한 이벤트의 경우 자녀출산과 내 집 마련일 수 있다. 따라서, 주택마련전략에 대한 확실하고, 구체적인 계획을 수립할 필요가 있다.

결혼 전의 *Advice*

■ 결혼비용의 Save 방법

얼마 남지 않은 기간이라, 이미 다 준비가 되었겠지만, 노파심으로 언급하면, 결혼비용을 줄이기 위해 웨딩컨설팅업체나, 웨딩플래너를 이용하면, 많은 비용을 절약할 수 있을 것이다. 또한 결혼자금을 비축하기 위해 일반통장이 아닌 CMA나 MMF에 넣어두면, 단기간에 1년 정기예금과 같은 수익률을 얻을 수 있기 때문에 이러한 상품이동도 고려해야 할 것이다.

■ 서로의 마음을 서로의 입장에서 고려하자

대부분의 경우 결혼준비를 하면서 많이 싸운다. 왜냐하면, 서로 다른 환경 속에서 살아온 이들이 사랑에 눈이 멀어 있었지만 이제는 현실이 보이기 때문이다. 갈등도 많다. 그럴 경우 가장 좋았던 추억을 떠올리자. 편지로 서로의 마음을 전해보자. 이메일보다는 편지로 좋았던 추억을 적어보는 것도 화해의 방법일 것이다.

결혼 후의 *Advice*

■ 비상자금을 마련하자

신혼의 경우 최우선적으로 해야 할 것은 비상자금에 대한 마련이다. 서로 다른 환경에 살던 사람이 합쳐지는 이 시점에서 소리 소문 없이 빠져나가는 비용이 많을 수밖에 없다. 이를 통제하기 위해서는 가계부를 1년 정도는 꼭 쓴다는 생각으로 시작하되, 자잘한 것은 쓰지 말고 큰 개념으로 써야 한다. 이 경우 봉투시스템도 괜찮다. 즉 5개 정도의 봉투에 월급날 한 달 쓸 금액을 나누어 넣고, 봉투에 언제 무엇을 썼는지 적어 놓는다면, 자금에 대한 통제는 어느 정도 처리할 수 있을 것이다. 꼭 한 봉투에는 경조사비를 넣어두자. 두 가정이 합쳐지면 이 비용이 장난이 아니다. 또한 계좌통합형 가계부의 이용도 좋다.

■ 서로에 대한 비밀공유와 목표를 설정하자

이제 배우자와 함께 모든 부분을 해나가야 하는데, 비밀이라는 것은 재무상태의 공유이다. 결혼 전 신용카드, 대출 등을 몽땅 털어놓고 이야기해야 미래에 대한 설계를 할 수 있을 것이다. 비상금은 서로의 깜짝 선물을 위한 자금으로 괜찮을 것 같아 조금은 남겨놓자.

■ 차근차근 계획을 가지고 준비하자

현재 시점에서 준비해야 하는 것은 비상자금과 출산비 육아비용에 대한 준비가 먼저이다. 이를 위해서는 종신보험이나 변액유니버셜보험, 개인연금, 적립식펀드, 장기주택마련저축 등 상품의 가입이 필요하다. 자금운영에 대한 포트폴리오 수립 시에는 제일 먼저 해야 할 일이 목표를 수립하는 것이다. 구체적인 상품에 대한 부분은 현재 연금납입 30만 원이 확정되어 있고, 420만 원이라는 월수입에서, 150만 원, 100만 원을 제외한 140만 원에 대한 월투자 포트폴리오를 작성하면 된다. 이 경우 주택마련을 위해서, 주택청약저축과 장기주택마련펀드와 본인을 위한 건강보험(5만 원선) 그리고, 적립식 펀드에 가입하자.

03 35세 돌잔치를 앞둔 부부의 재테크

결혼한 지 2년 된 연승민 씨는 기쁨에 넘쳐있다. 뱃속 아이의 발길질에 즐거워하며, 황후마마처럼 나를 섬기는 남편 때문에 행복했던 시간이 지나고, 잠 못 자게 하던 대영이가 엄마나 아빠를 알아보는 기쁨을 느끼기 때문이다. 돌잔치를 앞둔 연승민 씨는 돌잔치에 대한 준비로 약간 신경 쓰인다. 소비도 재테크라 생각되어 재테크 Q&A에 문의한 연승민 씨. 연승민 씨를 위한 좋은 조언이 없을까?

정보가 힘이다

돌잔치에 많은 시간을 투입하여, 직접 진행하는 것도 하나의 방법이지만, 이것은 "무에서 유"를 만드는 것이기에 많이 힘들 것이다.

따라서, 이미 만들어진 자료에 약간의 수고를 들인다면, 멋진 작품이 나올 것이다. 이러한 사이트로는 해오름(http://www.haeorum.com/)과 잼잼(http://www.jamjam.co.kr/)이 있다. 잘 찾아보면, 포토샵으로 만든 원본 파일을 올려주신 엄마들이 있기 때문이다. 물론 돌잔치 섹션을 중심으로 살펴보면 될 것이다.

선언을 하자

좋은 부모로서의 선언문을 만들어보는 것은 어떨까? 막연하게 돈 많이 벌어서, 잘 키우면 되지 하는 생각은 당연히 버려야 할 것이다.

너무 무책임한 말이 아닐까? 비록 옛날에는 태어날 때, 아이가 자기의 밥그릇을 타고난다고 하지만, 부모로서의 책임감을 전혀 고려하지 않는다는 말이 아니다. 내 아이를 어떻게 키울 것이냐 하는 것을 문서로 만들고, 액자에 예쁘게 담아보는 것은 어떨까? 거창한 미사여구를 만들기보다는 실천할 수 있는 나의 마음을 담은 그런 글을 직접 써보는 것이 나을 거 같다.

아이가 자라면서 1년에 한 번씩 선언문을 수정해보는 것도 어떨까? 차곡차곡 쌓여가는 우리 아이에 대한 나의 다짐을 보면서, 막연한 생각이 더욱더 구체화될 것이다.

아래의 선언문은 어느 부부의 선언문이다. 이 글을 보며, 자녀를 위한 선언문을 배우자와 함께 준비해보자.

자녀를 위한 선언문

주형아! 너에게 서로 사랑하며 대화하는 부모의 모습을 보여줄게. 그리고, 너의 눈에 엄마의 눈을 맞추며 너의 마음을 이해하려고 노력할 거야. 하지만 너만이 세상의 최고라고 다른 사람을 무시하지는 않을 거야.

네가 무언가 불편해서 울고 떼를 쓸 때에는 이유를 찾아 함께 해결하거나 차근차근 설명하려고 애쓸게.

너의 생일이 올 때마다 값비싼 선물을 사주려고 하기보다는 아빠와 엄마의 새로운 다짐을 선물할게.

네가 자라는 만큼 엄마와 아빠도 함께 자라나도록 공부하며 너와 대화하도록 노력할게.

마음이 따뜻하고 신사적이며, 상상력이 풍부하고 창의적이며, 좋은 친구가 많은 사람으로 커나가도록 아빠와 엄마는 너를 지지할게. 사랑한다.

주형아, 너를 환영해.

이러한 선언문을 돌잔치에서 읽고 매년 수정하여 문서로 만든다면, 아이가 컸을 때 이 이상의 선물은 없을 것이다.

아이를 위한 선물리스트를 준비해보자

이 기회에 아이를 위한 예적금 상품 그리고, 보험 상품을 하나쯤 가입해두면 어떨까? 예·적금 상품으로는 은행들의 어린이 통장이 있으며 보험 등의 부가서비스를 받을 수 있다. 또한 어린이 보험도 많이 나와 있다. 최근의 추세는 어린이 펀드인데, 이런 상품을 이용하는 것도 방법이다.

필자의 견해로는 변액유니버셜보험, 성장형주식형 펀드 등을 나름대로의 이름을 붙여서 사용하는 것이 좋다. 예를 들어 자녀를 위한 교육자금이라는 이름표를 붙이는 것도 하나의 방법이다. 예를 들어 변액유니버셜보험에 어린이특약을 넣어서, 보험의 혜택을 추가할 수도 있다.

위에서 언급한 두 번째와 세 번째는 돌잔치할 때, 부모님께 감사장을 드리는 시간 후에, 대영이를 위한 선언문 발표식 때, 위에서 말한 선물을 같이 증정하는 것도 하나의 방법이 될 것 같다.

04 37세 독신여성의 재테크

37세의 김영경 씨는 커리어우먼으로 유명하다. 자신의 분야인 광고업계에서 이미 전문가로 인정받았기 때문이다. 20대에 결혼하자고 쫓아다니는 사람도 많았지만, 결혼은 성공의 암초라 생각되어 성공하면 결혼하리라 생각했는데, 벌써 40대를 바라보게 된 것이다. 이제 결혼을 하려고 보니, 상대방의 조건도 만족스럽지 않고 그냥 혼자 살고 싶다는 생각이 간절하게 된 것이다. 김영경 씨의 경우 월 500만 원의 월 수입에 현재 강남에 있는 32평형 아파트와 친구의 권유로 가입한 종신보험이 15만원, 유니버셜 연금보험이 50만원, 민영의료보험에 5만 원을 불입하고 있다. 이 외에 근로자우대저축 50만 원(3.5%), 적립식 펀드 100만 원, 장기주택마련저축

(5.8%)에 1년에 천만 원씩(석 달에 250만 원 정도) 넣고 있는 상태이다. 또한 CP에 7천만 원, 동양증권 CMA에 3천만 원을 넣고 있다.

김영경 씨를 위한 좋은 조언은 없을까?

김영경 씨의 금융기관 가입상품

상품	금액	목적	이름표	투자기간	수익률	개설일
근로자 우대저축	50만 원	비과세, 중기자금, 저위험			3.5	
적립식펀드	100만 원	수익극대화	투자종자돈			
유니버셜 연금보험	50만 원					
장기주택 마련저축	62만5천 원	비과세, 소득공제, 장기자금 (7년이상), 저위험	투자종자돈	7년	5.8	
민영 의료보험	5만 원					
종신보험	15만 원					
합계	282만5천 원					

건강유지에 최선을 다하라

업계의 특성상 야근과 밤샘의 나날이 많다. 무엇보다 자신에 대한 관리가 필요한 상황이다. 이러한 자신에 대한 관리의 기본이 건강관리라 할 수 있다. 모든 사람에게 건강은 무척 중요하지만, 독신일 경우에는 건강상의 문제가 발생할 때 매우 어려운 처지에 놓일 수밖에 없다.

김영경 씨의 경우 독감에 걸려서 집에서 혼자 누워 있을 때 정말 외롭다고 말한다. 이때 아무런 조건도 따지지 않고 결혼하고 싶다고 말하지만, 결혼은 현실이기에 쉽지 않은 건 사실이다.

조금은 불규칙한 회사의 업무특성상 건강을 유지하기란 쉽지 않다. 하지만, 새벽 6시에는 어떤 일이 있어도 휘트니스 클럽에서 운동을 한다는 원칙을 세우고, 밤샘인 경우는 운동시간을 30분 상황에 맞춰 시간을 조절하거나, 가까운 산에 일주일에 한 번 정도는 가겠다는 계획을 세우고 지킨다면, 좀 더 실질적으로 건강을 유지할 수 있을 것이다.

또한 만일의 상황에 대비해야 할 것이다. 현재 가입한 종신보험료 15만 원은 독신여성에게는 약간 부담이 되는 금액일 것이다. 종신보험은 보장규모에 비해 보험료도 비쌀 뿐더러 사망 시에 받게 되는 보장이므로 독신의 경우에는 중요도가 덜하다고 볼 수 있다. 따라서, 질병이나 입원 등의 특약을 꼼꼼히 체크하여 이에 대한 보완을 하는 것도 필요하다.

민영의료보험에 5만 원을 불입하고 있다는 점에서 어느 정도 보장에 대한 포트폴리오가 되어있다고 볼 수 있지만, 독신이기에 더욱더 이러한 질병 및 상해에 대한 대비를 강화시켜야 할 것이다.

최근에 나온 손해보험사의 통합보험에, 이미 가입된 민영의료보험을 고려하여, 중복되지 않은 범위 내에서 여러 특약을 결합시켜 보장을 더욱더 강화시키자.

은퇴를 위한 준비에 철저하라

현재 업계에서 성공한 김영경 씨의 경우 더욱더 사회에서 성공할 가능성이 크다. 하지만, 누구에게나 은퇴는 있다. 따라서, 그 시기에 맞춰 재정적 준비와 은퇴기를 뒤로하는 작업이 있어야 할 것이다. 김영경 씨의 경우 바쁜 와중에도 재정적 준비를 철저히 하고 있음을 알 수 있다. 즉, 적립자산에 대한 포트폴리오를 분석해보면, 장기적인 투자를 중심으로 짜여 있는 것을 알 수 있다. 이는 방법론적 입장에서는 무척 좋은 방법이지만, 목적의식을 가지고 접근할 필요가 있다. 이러한 방법을 위해서는 각각의 상품에 이름표를 붙이는 것이다. 즉 기간과 수익률 등을 이용하여, 이름표를 각각 붙이자! 그 이름표는 위에서 목표를 시각화한 자료를 연결고리로 생각하여 붙여야 할 것이다.

특히 노후를 위해서는 간병인을 둘 수 있는 정도의 충분한 자금에 대해서도 준비해야 할 것이다.

은퇴를 위한 준비는 단순히 장기적으로 자금을 적립하는 데에 있지 않다. 어떠한 노후를 살 것인지 목표를 세우는 것도 은퇴를 위한 준비이며, 질병이나 노후의 질병에 대한 보장도 마찬가지다.

포트폴리오를 단기, 중기, 장기로 구분하라

김영경 씨의 적립식 포트폴리오를 다시 한 번 살펴보자.

근로자우대저축의 수익률이 낮은 이유는 아마도, 만기를 연장한 결과라 보인다. 따라서, 해지 후의 금액은 거치형 펀드 즉, 세이고 배당주식형펀드와 같은 중위험의 펀드로 돌려, 수익률을 극대화할 필요가 있다. 또한 연금보험에 이미 가입되어 있으므로, 투자성을 강화하여 변액유니버셜보험을 채권과 주식 2:8의 비율로 특약없이 가입하는 것도 고려해보자.

■ 거치식 포트폴리오를 살펴보자

김영경 씨에게 CP와 CMA의 가입이유를 물어보았더니, 친구의 권유였다고 한다. 혹시 있을 상황에 대비해 단기 상품의 대표적인 CP와 CMA에 가입한 것은 잘 한 일이지만, 중기와 장기를 대비한 포트폴리오는 거의 전무하다 할 수 있다. 적립식 포트폴리오가 단기, 중기, 장기로 잘 짜여져 있다면, 거치식 포트폴리오의 경우 너무 부족하다. 이를 위해 역시 중기자금을 위해 펀드 등도 배치해야 할 것이다. 따라서, 고위험 60%, 중위험 20%, 저위험 20%라는 안정성장형에 맞춰 거치식 포트폴리오를 배치해야 하며, 해외펀드 등도 고려해야 할 것이다.

　홀로 산다는 것은 언제든지 떠날 수 있다는 자유와 자신에게만 충실할 수 있는 집중이라는 장점이 있다. 하지만, 마음을 나눌 수 있는 이웃과 안식처 그리고, 나 자신에 대한 책임감은 어쩌면 큰 짐일 수 있다. 이를 위해 더욱더 꼼꼼한 재테크 계획과 실행이 필요할 것이다.

05 5년 내 18억을 만들고 싶어하는 45세 여성의 재테크

5년 이내에 18억 만드는 게 목표인 김인숙 씨는 대출은 전혀 없고, 월수입이 740만 원이며, 월 416만 원 정도를 지출하고 있다. 월별 투자현황을 보면, 개인연금 30만 원, 근로자우대저축 50만 원 총 80만 원 정도를 저축하고 있으며, 200만 원 정도의 월 저축이 가능하다. 자산현황을 살펴보면 집 2억, 토지 17,400만 원, 금융자산 MMF 4억을 보유하고 있다.

김인숙 씨를 위한 좋은 재테크 조언은 없을까?

김인숙 씨의 기본적인 정보를 분석하면, 120만 원의 월 투자포트 폴리오와 4억 원의 포트폴리오 작성이 필요하다고 보여진다.

먼저 4억 원에 대한 포트폴리오를 먼저 살펴보자.

은퇴를 위한 6가지 체크사항

은퇴를 위한 5년에 18억 만들기는 다음과 같은 사항들이 고려되어야 할 것이다. 먼저 기억해야 할 사항은 은퇴 후 필요자금은 은퇴 전 수입의 70% 정도가 적당하며, 국민연금의 혜택은 월 급여의 40% 정도 지급받을 수 있다는 것을 기억하자.

은퇴를 위한 5년에 18억 유의사항

이름표를 붙여라

5년에 대한 포트폴리오를 구성하기 위해서는 3년에 대한 1차적인 포트폴리오를 먼저 구성하여야 한다. 먼저 거치식 포트폴리오를 위해서는 첫째 투자기간, 둘째 목표수익률의 확인이 먼저다. 이미 투자 규모 등이 파악되었기 때문이다. 모든 투자의 경우는 수익률이냐? 아니면 안정성이라는 두 가지 문제로 귀결된다. 연 10%라고 해도, 3년 기간이면 30%의 수익률이 확보되어야 하기 때문이다. 연 10%로 분산투자 포트폴리오를 구성해보자.

아래의 표에 이름표는 목적을 표시한 것이다. 전체가 투자라 하지만, 자산배분의 중요성 때문에 고위험, 중위험, 저위험 등으로 구성하였다. 구체적인 상품에 대해서는 시기별로 달라질 수 있다. 또한 예상수익률 역시 시장상황에 따라 달라질 수 있지만, 실제 김인숙 씨에게 추천한 상품을 통해서, 그 근거를 참조하자.

이름표	투자금액	예상수익률	비고
비상예비자금용 (CMA통장, MMF)	2,000만 원 (동양종금 CMA통장)	1년 기준 4.3%	수시입출금 가능, 단기투자(1년 내), 저위험
자금유지용 (채권형 펀드)	10,000만 원(한국투신운용 한국부자아빠마스터장기채권증권A-1)	연 6%	중위험
자금유지용 (전환사채 또는 ELS연금보험)	5,000만 원(증권사에서 발행시기가 공고되므로, 시기에 따라 결정, 일단은 MMF에 남겨놓기) 또는 5,000만 원(알리안츠생명 2월 시판 파워덱스보험 또는 티보험)	연 8%	구체적 투자시기에 따라 결정. CB상품의 경우 해당기관의 발행시기에 따라 달라짐. 중위험 ELS연금보험의 형태는 5년간 불입 후 최소사망보장금만 5년간 남기면, 중도인출 등의 비과세 혜택을 받을 수 있음.

고수익용 (해외펀드)	4,000만 원(Nasdaq투자펀드-미국IT섹터펀드) 4,000만 원(피델러티 일본펀드 등)	연 13%	피델러티 일본펀드의 경우 엔화 투자 상품, 환차익 고려, 고위험
고수익용 (주식혼합형 펀드)	1억 원(세이고배당밸런스드60주식혼합형)	연 14%	배당차익고려(3년, 목표수익률 초과, 20% 달성 시 환매), 고위험
고수익용 (주식형 펀드)	5,000만 원(미래에셋디스커버리주식형)	연 15%	투자기간 2년, 고위험

월 적립자금은 기간을 냉정하게 고려하고 성장형 펀드에 투자하라

금월 적립자금의 경우 기간이 조금 짧다. 3년이라는 기간을 본다면, 조금은 짧은 것이 사실이다. 이 경우 60만 원 정도를 자녀 명의로, 해외 고성장형 펀드에 대한 투자를 고려해보자. 예를 들어 HSBC China GIF펀드를 2008년 초까지 투자하는 방법이다. 중국 경기는 올림픽 개최 시기인 2008년을 정점으로 오를 가능성이 크다. 해외펀드 투자 시 고려할 사항은 환율 역시 주요 변동요인이기 때문에, 이 펀드에 가입 시는 환헤지 계약의 여부도 고려해야 할 것이다. 60만 원은 국내 성장형 펀드 중 규모가 크고 가치투자라는 철학이 명확한 펀드에 투자하자. 예를 들어 프랭클린템플톤 투신 운용사에서 운용하는 템플톤 주식형 펀드도 고려할 만하다.

자영업자 52세 여성의 재테크

어렵게 빚을 얻어 사업을 시작해서 어느 정도 수입이 안정이 된 박미영 씨는 3년 이내에 빚을 갚고 5억 정도를 만들고 싶어한다. 1억 1천만 원의 빚으로 학습지 대리점 사업을 시작하여 이제 월수입이 800만 원 정도가 된 것이다. 이 사업은 특별한 이변이 없는 한 안정적으로 갈 것 같다는 생각이다. 지금 영어학습지 대리점의 소유가치는 2억 원 정도다. 사업 시작한 지 3년 5개월 정도 되었는데 완전 빚으로 시작해서 현재가치 2억이지만 빚을 청산하면 9,000만 원(2억-1억 1천=9천만 원)의 차익이 생길 것으로 예상된다. 현재 집의 시가는 1억 4,000만 원, 빚은 신용보증대출 4,000만 원(1년 거치 4년 상환), 집의 월세보증금은 5,000만 원, 개인 빚(동생) 3,000만 원, 사무실 시가 2억, 보험대출 1,000만 원, 청약예금 300만 원, 전세금 8,000만 원, 보험금 1,000만 원으로 총 자산이 4억 300만 원이고, 대출이 1억 5천만 원으로 순자산 2억 4천7백만 원 정도이다. 내년에는 큰아이가 군대를 가면 교육비가 적게 들어가겠지만 작은아이(지금 고3)가 대학에 들어가는 상황이다. 노후자금도 걱정이고 빨리 채무를 변제하고 3년 이내에 빚 포함 3억을 만들고 싶은 심정이다.

박미영 씨를 위한 좋은 조언은 없을까?

✔ 재테크 컨설팅 포인트

1. 〔사업 측면〕 난 내 사업의 고용사장이다.
2. 〔사업 측면〕 만일에 대비한 준비는 바로 지금부터 하라.
3. 〔개인 측면〕 빚의 상환이 우선이다.
4. 〔개인 측면〕 저축을 더 증가시켜라!

박미영 씨의 성격을 보면, 참 꼼꼼하고 생활력이 강하신 분이다. 그런데, 이런 분들이 가지고 있는 오류가 사업과 개인자산이 분리되어 있다는 것이다.

사업 측면 : "난 내 사업의 고용사장이다"라고 생각하자

대부분의 자영업자가 가지는 오류가 바로 사업을 통한 자금과 집안의 자금이 같다는 것이다. 물론 원칙적으로 맞지만, 효율적인 관리를 위해서는 따로 분리하여 관리하여야 할 것이다. 2007년부터 시행된 가계용 은행계좌와 사업용 계좌의 분리개설 후 사업용 계좌는 세무서에 신고한 뒤 이를 통해 금융거래를 해야 한다는 의무조항이 생겼다.

금융기관도 이에 발맞춰 최근 '사업자 전용통장'이라 하여, 우리은행의 소호엔젤파이낸스통장, 신한은행의 더뱅크사업통장 등이 출시되었는데, 이러한 상품을 이용하는 것도 하나의 방법이다.

다만, 강조하고 싶은 것은 '고용사장'의 마인드다. 즉 매월 사장인 나의 수입도 정해진 날에 월급형식으로 받는다면, 좀 더 효율적으로 사업자금을 관리할 수 있을 것이다. 즉 통장도 구분하여, 가정의 생활비 계좌를 따로 만드는 것이다. 즉 2~3개 정도의 계좌이면, 정확하게 개인 및 사업의 현황을 파악할 수 있다. 생활비 계좌는 CMA 통장을 이용하자.

만일을 대비한 준비는 바로 지금부터 하라

"퇴직금이 없다", "소득이 항구적이지 않을 거 같다", "소득의 규모가 일정하지 않은 경우가 많다", "경기가 안 좋을 때 망할지도 몰라" 등의 사항은 자영업자라면 누구나 느끼는 문제이다. 자영업자는 모두 사장이다. 이러한 것을 다시 언급하는 이유는 바로, 자신의 노후나 미래도 역시 본인의 손에 달려있다는 것을 강조하기 위해서다. 이러한 방법을 실천하기 위해 연금이나, 변액유니버셜보험, 적립식 펀드 등의 상품으로 매달 조금씩이라도 준비해 나가야 한다.

개인 측면 : 빚의 상환이 우선이다

물론 전체 다 상환을 할 수 없지만, 현재 생활비, 자녀의 교육비, 노후에 대한 대비 부분에 대해서 동시에 준비해가야 할 것이다.

우선 갚아야 할 대출의 순서를 정하자. 대출 순위의 요령은 금리가 높은 것부터 갚아야 한다. 일반적으로 대출은 크게 3가지 큰 부류가 있다. 금리 역시 첫 번째 정책대출, 두 번째 담보대출, 세 번째 신용대출 순이다. 정책대출이란 국가에서 특정한 자격을 가진 사람들에게 해주는 것으로, 생애최초 주택자금대출 등이 있다. 따라서, 아래의 순으로 상환하자.

현재 신용보증대출 4,000만 원, 보험대출 1,000만 원, 개인 빚 3,000만 원 순으로 갚아야 할 것이다. 현재 대출상환금액이 연 1,500만 원이었다면, 125만 원 정도를 갚을 건데, 신용보증대출의 경우 해당 금융기관과 협의하여 빨리 갚으려면 어떻게 해야 하는지 상의하고, 월 생활비 중 최고로 할 수 있는 금액을 통해서 상환하면 될 것 같다. 현재 적어준 연간지출이 잘못되지 않았다면, 월 4,500만 원 정도 된다. 이는 아마도, 사업과 개인 지출을 합한 것으로 여겨지는데, 이에 대한 정확한 분석은 사업 측면 재테크 조언에서 언급한 대로, 구분하여 정리하면서 현황을 파악하자. 즉 먼저, 월 최대 대출상환금액을 결정하자.

저축을 더 증가시켜라!

어떤 상품에 가입한 정보는 없지만, 일반적으로 적금으로 사료된다. 어느 정도 증가시키는가는 위의 최대 대출상환금액을 잡은 뒤

에, 산정할 수 있다. 이러한 산정을 한 후에 변액유니버셜보험을
최소사망보장금을 최대한 줄여서 가입하거나, 연금상품을 가입하
여, 은퇴 예정이라 생각되는 60세까지 불입한다면, 노후자금으로
준비할 수 있을 것이다.

꼼꼼한 여자가 여왕처럼 산다

재테크를 세웠다면 가족들과 호흡을 맞춰 서로 격려하면서
미래를 향해 힘차게 나아가자.

01 재테크에는 남녀가 따로 없다

남들이 모르는 나만의 특별한 투자방법이 있다면 얼마나 좋을까? 하지만 내가 아는 것은 남도 다 안다. 투자방법을 혼자서만 독점할 수는 없다. 높은 투자수익을 얻기 위해서는 그에 상응하는 대가, 즉 투자의 위험을 부담하여야 한다. 많은 수익을 얻으려면 더욱 적극적이고 공격적인 투자가 필요하지만 손실로 이어질 가능성 또한 높다. 그렇기 때문에 원칙을 세워 그것을 지키는 일이 무엇보다 중요하다.

앞에서 살펴본 대로 금융상품은 매우 다양하다. 이러한 금융상품이 나의 자산관리 시스템과 연결되는 포트폴리오로 만들어지면 이제는 실천하는 일이 과제가 된다. 실천하는 데도 원칙이 있을까?

있다. 경제개발시대의 표어가 가장 맞는 답이 될 것이다.

먼저 자신이 전업주부라면 재테크를 어떻게 하고 있는지 돌아보자. 나는 세상 물정을 모르니 남편에게 맡기자는 생각이라면, 이제 그 생각을 버리자. 세상 사람들 모두가 얼굴이나 성격이 다르듯이 가정사를 처리하는 것도 모두 다른 것이 마땅한 이치다. 남편에게 모든 일을 맡기는 사람이 있는 반면, 본인이 돈도 벌고 꼼꼼하게 기록하는 사람도 있다.

맞벌이 부부들의 경우도 마찬가지다. 맞벌이하는 부인들은 '나도 돈 버는데 집안일까지 하면 더욱 지치고 힘들다' 며 '배우자가 하겠지' 하는 막연한 생각으로 서로 미루게 되기 십상이다. 조금 편향된 시각으로 보면 절대로 나쁘다고만 할 수는 없다. "역할분담"이라는 너무나 멋진 말이 적용될 수 있기 때문이다. 하지만, 누가 해야 할 역할일까? 배우자 역시 자신이 분담해야 할 역할이 아니라고 생각할 수 있지 않을까?

회사 하나를 운영하게 되면 거기에는 총무, 영업, 생산 등 각각의 역할분담이 이루어지지만, 최근에는 그 경계가 무너지고 있는 추세다. 마케팅을 모르면 총무나 생산을 제대로 할 수 없다. 마찬가지로 생산과정을 모르고는 마케팅을 할 수 없는 것이다. 회사는 이윤을 내야만 유지된다. 이윤을 내지 못하면 회사는 곧 쓰러지고 만다. 가정도 마찬가지다. 현재 사는 데 부족함이 없더라도 미래를 위해 자산을 비축하고 키워나가지 않으면 결국 불행의 나락으로 떨어지고 만다.

재테크는 가족 모두의 행복한 미래를 위해 자산을 관리하고 늘려나가는 것이다. 가족 모두가 함께 의논하여 결정하고, 서로를 독려하고 스스로를 제어하며 미래를 설계하고 준비해야 한다. 재테크에는 남녀가 따로 없다. 바로 가족의 일이기 때문이다. 서로의 사명감과 역할에 대해 정확히 이해하고, 서로의 잠재력을 인정할 때만 가능한 것이다.

가정경제를 부흥시킬 수 있는 것은 바로 여성이다. 디테일한 부분까지 꼼꼼하게 챙길 수 있는 사람은 아무래도 여성이 적격이다. 함께 의논하고 결정할 일이지만, 더 많은 정보를 꼼꼼히 살필 수 있는 눈을 가진 여성이 앞장서라는 말이다.

그렇다고 여성 재테크가 단순히 여성 혼자 책임지는 것이라는 생각은 버리자. 가정이라는 회사는, 아니 '가정'이라는 팀은 서로의 믿음과 팀워크에 의해 유지된다. 팀이란 서로의 장점을 인정하고, 이를 '용광로'처럼 녹일 때 1＋1＝2가 아니라 2의 제곱으로 거대한 힘을 발휘할 수 있다.

여성 재테크는 여성, 소위 가정의 부총리가 모든 것을 짊어지라는 말이 아니다. 서로의 역할과 잠재력을 인정하며 이를 조율하여 융화시키고, 시너지를 만드는 힘이 여성에게 있기 때문에 여성 재테크라고 하는 것이다.

아이들이 노는 모습을 지켜보면 남성과 여성의 특징이 잘 드러난다. 남자 아이들은 대장을 중심으로 그 지휘에 따라 일사불란하게 게임을 즐긴다. 그러나 여자 아이들 사이에는 대장이 없다. 서로 의논하고, 함께 합의해서 결정하고 같이 즐긴다.

재테크는 바로 누구 한 사람의 결정에 따라야 하는 것이 아니라 함께 의논하고 결정하며, 같이 실천해야 한다. 바로 여성적 특성으로 이뤄나가야 하는 것이다. 그런 의미에서 여성 재테크는 여성이 주도적으로 결정하고 집행하는 재테크가 아니다. 여성의 특징, 여성의 장점을 극대화하는 재테크, 즉 함께 알아보고 의논하여 결정한 합의를 바탕으로 같이 실천해 나갈 수 있도록 가정 내의 리더십을 여성이 발휘할 때 더욱 극대화된다는 것을 뜻하는 말이다.

꼼꼼한 여성이 여왕이 되어 리더십을 발휘하면 재테크에 성공할 수 있다.

02 내 돈은 내가 굴린다! 독립적으로 자산 운용하기

지금까지 여성이 재테크를 해야 하는 이유, 여기에 필요한 단계별 접근법, 각 상품에 대한 필수지식 등을 살펴보았다. 필자가 이 책을 집필하면서, 이미 상품화되어 있는 많은 여성전용 금융상품을 정리하며 그 가운데 어떤 상품은 매진될 만큼 인기가 좋다는 말을 들었다. 필자는 그 소식에 사실 매우 당황했다. 왜 그럴까? 잘 이해되지 않았기 때문이다.

가장 좋은 보험상품이 무엇인지 아는가? 정답은 조건을 묻지 않고 보험금을 주는 것이다. 여성전용상품의 이해도 여기에서 출발한다. 여성에게 꼭 필요한 부가서비스를 포함한 보험이나 예금, 펀드 역시 정작 중요한 것은 그 상품 자체의 본질적 성격이다.

우선 내가 금융상품에 가입하려는 이유를 살펴보자. 그리고 금융 상품을 내가 가입하려는 이유와 비교해보자. 또한 금융상품이 갖고 있는 본질적 성격을 생각해보자. 그 상품이 적합한지를 따져보자.

여성전용상품이란 여성을 대상으로 하지만, 결국은 모든 것이 보장되는 게 아니라는 결론에 도달할 것이다. 남성전용, 여성전용은 모두 보완이라는 의미에서 고민하자.

진정한 상품은 조건을 따지지 않는다. 조건은 부가서비스가 아니라, 그 상품 자체인 것이다. 여성전용, 남성전용이 붙게 되면, 이는 보완상품이라 생각하자. 조건이 붙는 것은 모든 것을 보장하는 게 아니라는 전제를 바탕에 두고 있는 것이다.

우리가 아는 속담 중에 "백지장도 맞들면 낫다"라는 말이 있다. 이것은 작은 일이라도 서로 도우면 훨씬 낫다는 뜻이다. 백지장도 맞들면 가벼운데 하물며 가족의 중대사인 재테크야 말해 무엇하겠는가? 백지장도 맞들자. 그리고 그 백지장에 가족의 미래를 설계하는 자산관리계획을 채워넣자. 그리고 함께 맞들고 끝까지 가자.

그러나 백지장은 혼자 들어야 찢어지지 않는다. 둘이 맞들고 가다 호흡이 맞지 않으면 찢어지고 만다. 마찬가지로 그 백지장에 가족의 재테크 계획을 채웠다면 더욱 호흡을 맞춰야 한다. 계획이 어긋나지 않도록, 가족 모두가 함께 맞들고 서로 격려하면서 미래를 향해 힘차게 나아가자.

가림출판사 · 가림M&B · 가림Let's에서 나온 책들

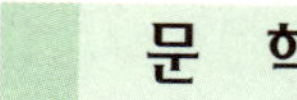 문 학

바늘구멍
켄 폴리트 지음 / 홍영의 옮김 / 신국판 / 342쪽 / 5,300원

레베카의 열쇠
켄 폴리트 지음 / 손연숙 옮김 / 신국판 / 492쪽 / 6,800원

암병선
니시무라 쥬코 지음 / 홍영의 옮김 / 신국판 / 30C쪽 / 4,800원

첫키스한 얘기 말해도 될까
김정미 외 7명 지음 / 신국판 / 228쪽 / 4,000원

사미인곡 上·中·下
김충호 지음 / 신국판 / 각 권 5,000원

이내의 끝자리
박수완 스님 지음 / 국판변형 / 132쪽 / 3,000원

너는 왜 나에게 다가서야 했는지
김충호 지음 / 국판변형 / 124쪽 / 3,000원

세계의 명언
편집부 엮음 / 신국판 / 322쪽 / 5,000원

여자가 알아야 할 101가지 지혜
제인 아서 엮음 / 지창국 옮김 / 4×6판 / 132쪽 / 5,000원

현명한 사람이 읽는 지혜로운 이야기
이정민 엮음 / 신국판 / 236쪽 / 6,500원

성공적인 표정이 당신을 바꾼다
마츠오 도오루 지음 / 홍영의 옮김 / 신국판 / 240쪽 / 7,500원

태양의 법
오오카와 류우호오 지음 / 민병수 옮김 / 신국판 / 246쪽 / 8,500원

영원의 법
오오카와 류우호오 지음 / 민병수 옮김 / 신국판 / 240쪽 / 8,000원

석가의 본심
오오카와 류우호오 지음 / 민병수 옮김 / 신국판 / 246쪽 / 10,000원

옛 사람들의 재치와 웃음
강형중 · 김경익 편저 / 신국판 / 316쪽 / 8,000원

지혜의 쉼터
쇼펜하우어 지음 / 김충호 엮음 / 4×6판 양장본 / 160쪽 / 4,300원

헤세가 너에게
헤르만 헤세 지음 / 홍영의 엮음 / 4×6판 양장본 / 144쪽 / 4,500원

사랑보다 소중한 삶의 의미
크리슈나무르티 지음 / 최유영 엮음 / 신국판 / 180쪽 / 4,000원

장자-어찌하여 알 속에 털이 있다 하는가
홍영의 엮음 / 4×6판 / 180쪽 / 4,000원

논어-배우고 때로 익히면 즐겁지 아니한가
신도희 엮음 / 4×6판 / 180쪽 / 4,000원

맹자-가까이 있는데 어찌 먼 데서 구하려 하는가
홍영의 엮음 / 4×6판 / 180쪽 / 4,000원

아름다운 세상을 만드는 사랑의 메시지 365
DuMont monte Verlag 엮음 / 정성호 옮김
4×6판 변형 양장본 / 240쪽 / 8,000원

황금의 법
오오카와 류우호오 지음 / 민병수 옮김 / 신국판 / 320쪽 / 12,000원

왜 여자는 바람을 피우는가?
기젤라 룬테 지음 / 김현성 · 진정미 옮김 / 국판 / 200쪽 / 7,000원

세상에서 가장 아름다운 선물
김인자 지음 / 국판변형 / 292쪽 / 9,000원

수능에 꼭 나오는 한국 단편 33
윤종필 엮음 / 신국판 / 704쪽 / 11,000원

수능에 꼭 나오는 한국 현대 단편 소설
윤종필 엮음 및 해설 / 신국판 / 364쪽 / 11,000원

수능에 꼭 나오는 세계단편(영미권)
지창영 옮김 / 윤종필 엮음 및 해설 / 신국판 / 328쪽 / 10,000원

수능에 꼭 나오는 세계단편(유럽권)
지창영 옮김 / 윤종필 엮음 및 해설 / 신국판 / 360쪽 / 11,000원

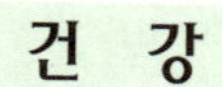 건 강

아름다운 피부미용법 이순희(한독피부미용학원 원장) 지음
피부조직에 대한 기초 이론과 우리 몸의 생리를 알려줌으로써 아름
다운 피부, 젊은 피부를 오래 유지할 수 있는 비결 제시!
신국판 / 296쪽 / 6,000원

버섯건강요법 김병각 외 6명 지음
종양 억제율 100%에 가까운 96.7%를 나타내는 기적의 약용버섯 등
신비의 버섯을 통하여 암을 치료하고 비만, 당뇨, 고혈압, 동맥경화
등 각종 성인병 예방을 위한 생활 건강 지침서!
신국판 / 286쪽 / 8,000원

성인병과 암을 정복하는 유기게르마늄
이상현 편저 / 캬오 샤오이 감수
최근 들어 각광을 받고 있는 새로운 치료제인 유기게르마늄을 통한
성인병, 각종 암의 치료에 대해 상세히 소개. 신국판 / 312쪽 / 9,000원

난치성 피부병 생약효소연구원 지음
현대의학으로도 치유불가능했던 난치성 피부병인 건선 · 아토피(태
열)의 완치요법이 수록된 건강 지침서. 신국판 / 232쪽 / 7,500원

新 방약합편 정도명 편역
자신의 병을 알고 증세에 맞춰 스스로 처방을 할 수 있고 조제할 수
있는 보약 506가지 수록. 신국판 / 416쪽 / 15,000원

자연치료의학 오홍근(신경정신과 의학박사 · 자연의학박사) 지음
대한민국 최초의 자연의학박사가 밝힌 신비의 자연치료의학으로 자
연산물을 이용하여 부작용 없이 치료하는 건강 생활 비법 공개!!
신국판 / 472쪽 / 15,000원

약초의 활용과 가정한방 이인성 지음
주변의 흔한 식물과 약초를 활용하여 각종 질병을 간편하게 예방 ·
치료할 수 있는 비법제시. 신국판 / 384쪽 / 8,500원

역전의학 이시하라 유미 지음 / 유태종 감수
일반상식으로 알고 있는 건강상식에 대해 전혀 새로운 관점에서 비
판하고 아울러 새로운 방법들을 제시한 건강 혁명 서적!!
신국판 / 286쪽 / 8,500원

이순희식 순수피부미용법 이순희(한독피부미용학원 원장) 지음
자신의 피부에 맞는 관리법으로 스스로 피부관리를 할 수 있는 방법
을 제시하고 책 속 부록으로 천연팩 재료 사전과 피부 타입별 팩 고
르기. 신국판 / 304쪽 / 7,000원

21세기 당뇨병 예방과 치료법 이현철(연세대 의대 내과 교수) 지음
세계 최초 유전자 치료법을 개발한 저자가 당뇨병과 대항하여 가장
확실하게 이길 수 있는 당뇨병에 대한 올바른 이론과 발병시 대처
방법을 상세히 수록! 신국판 / 360쪽 / 9,500원

신재용의 민의학 동의보감 신재용(해성한의원 원장) 지음
주변의 흔한 먹거리를 이용해 신비의 명약이나 보약으로 활용할 수
있는 건강 지침서로서 저자가 TV나 라디오에서 다 밝히지 못한 한방
및 민간요법까지 상세히 수록!! 신국판 / 476쪽 / 10,000원

치매 알면 치매 이긴다 배오성(백상한방병원 원장) 지음
B.O.S.요법으로 뇌세포의 기능을 활성화시키고 엔돌핀의 분비효과

를 극대화시켜 증상에 맞는 한약 처방을 병행하여 치매를 치유하는 획기적인 치유법 제시.　신국판 / 312쪽 / 10,000원

21세기 건강혁명 밥상 위의 보약 생식　최경순 지음
항암식품으로, 다이어트식으로, 젊고 탄력적인 피부를 유지할 수 있게 해주는 자연식으로의 생식을 소개하여 현대인들의 건강 길라잡이가 되도록 하였다.　신국판 / 348쪽 / 9,800원

기치유와 기공수련　윤한홍(기치유 연구회 회장) 지음
누구나 노력만 하면 개발할 수 있고 활용할 수 있는 기 수련 방법과 기치유 개발 방법 소개.　신국판 / 340쪽 / 12,000원

만병의 근원 스트레스 원인과 퇴치　김지혁(김지혁한의원 원장) 지음
만병의 근원인 스트레스를 속속들이 파헤치고 예방법까지 속시원하게 제시!!　신국판 / 324쪽 / 9,500원

김종성 박사의 뇌졸중 119　김종성 지음
우리나라 사망원인 1위. 뇌졸중 분야의 최고 권위자인 저자가 일상생활에서의 건강관리부터 환자간호에 이르기까지 뇌졸중의 예방, 치료법 등 모든 것 수록.　신국판 / 356쪽 / 12,000원

탈모 예방과 모발 클리닉　장정훈 · 전재홍 지음
미용적인 측면과 우리가 일상적으로 고민하고 궁금해 하는 털에 관한 내용들을 다양하고 재미있게 예들을 들어가면서 흥미롭게 풀어간 것이 이 책의 특징.　신국판 / 252쪽 / 8,000원

구태규의 100% 성공 다이어트　구태규 지음
하이틴 영화배우의 다이어트 체험서. 저자만의 다이어트법을 제시하면서 바람직한 다이어트에 대해서도 알려준다. 건강하게 날씬해지고 싶은 사람들을 위한 필독서!　4×6배판 변형 / 240쪽 / 9,900원

암 예방과 치료법　이춘기 지음
암환자와 가족들을 위해서 암의 치료방법에서부터 합병증의 예방 및 암이 생기기 전에 알 수 있는 방법에 이르기까지 상세하게 해설해 놓은 책.　신국판 / 296쪽 / 11,000원

알기 쉬운 위장병 예방과 치료법　민영일 지음
소화기관인 위와 관련 기관들의 여러 질환을 발병 원인, 증상, 치료법을 중심으로 알기 쉽게 해설해 놓은 건강서.　신국판 / 328쪽 / 9,900원

이온 체내혁명　노보루 야마노이 지음 / 김병관 옮김
새로운 건강관리 이론으로 주목을 받고 있는 음이온을 통해 건강을 돌볼 수 있는 방법 제시.　신국판 / 272쪽 / 9,500원

어혈과 사혈요법　정지천 지음
침과 부항요법 등을 사용하여 모든 질병을 다스릴 수 방법과 우리 주변에서 흔하게 접할 수 있는 각 질병의 상황별 처치를 혈자리 그림과 함께 해설.　신국판 / 308쪽 / 12,000원

약손 경락마사지로 건강미인 만들기　고정환 지음
경락과 민족 고유의 정신 약손을 결합시킨 약손 성형경락 마사지로 수술하지 않고도 자신이 원하는 부위를 고치는 방법을 제시하는 건강 미용서.　4×6배판 변형 / 284쪽 / 15,000원

정유정의 LOVE DIET　정유정 지음
널리 알려진 온갖 다이어트 방법으로 살을 빼려고 노력했던 저자의 고통스러웠던 다이어트 체험담이 실려 있어 지금 살 때문에 고민하는 사람들이 가슴에 와 닿는 나만의 다이어트 계획을 나름대로 세울 수 있을 것이다.　4×6배판 변형 / 196쪽 / 10,500원

머리에서 발끝까지 예뻐지는 부분다이어트　신상만 · 김선민 지음
한약을 먹거나 침을 맞아 살을 빼는 방법, 아로마요법을 이용한 다이어트법, 운동을 이용한 부분비만 해소법 등이 실려 있으므로 나에게 맞는 방법을 선택해 날씬하고 예쁜 몸매를 만들 수 있을 것이다.　4×6배판 변형 / 196쪽 / 11,000원

알기 쉬운 심장병 119　박승정 지음
심장병에 관해 심장질환이 생기는 원인, 증상, 치료법을 중심으로 내용을 상세하게 해설해 놓은 건강서.　신국판 / 248쪽 / 9,000원

알기 쉬운 고혈압 119　이정균 지음
생활 속의 고혈압에 관해 일반인들이 관심을 가지고 예방할 수 있도록 고혈압의 원인, 증상, 합병증 등을 상세하게 해설해 놓은 건강서.　신국판 / 304쪽 / 10,000원

여성을 위한 부인과질환의 예방과 치료　차선희 지음
남들에게는 말할 수 없는 증상들로 고민하고 있는 여성들을 위해 부인암, 골다공증, 빈혈 등 부인과질환을 원인 및 치료방법을 중심으로 설명한 여성건강 정보서.　신국판 / 304쪽 / 10,000원

알기 쉬운 아토피 119　이승규 · 임승엽 · 김문호 · 안유일 지음
감기처럼 흔하지만 암만큼 무서운 아토피 피부염의 원인에서부터 증상, 치료방법, 임상사례, 민간요법을 적용한 환자들의 경험담 등 수록.　신국판 / 232쪽 / 9,500원

120세에 도전한다　이권행 지음
아프지 않고 건강하게 오래 살기를 바라는 현대인들에게 우리 체질에 맞는 식생활습관, 심신 활동, 생활습관, 체질별 · 나이별 양생법을 소개. 장수하고픈 독자들의 궁금증을 풀어줄 것이다.
신국판 / 308쪽 / 11,000원

건강과 아름다움을 만드는 요가　정판식 지음
책을 보고서 집에서 혼자서도 할 수 있는 요가법 수록. 각종 질병에 따른 요가 수정체조법도 담았으며, 별책 부록으로 한눈에 보는 요가 차트 수록.　4×6배판 변형 / 224쪽 / 14,000원

우리 아이 건강하고 아름다운 롱다리 만들기　김성훈 지음
키 작은 우리 아이를 롱다리로 만드는 비법공개. 식사습관과 생활습관만의 변화로도 키를 크게 할 수 있으므로 키 작은 자녀를 둔 부모의 고민을 해결해 준다.　대국전판 / 236쪽 / 10,500원

알기 쉬운 허리디스크 예방과 치료　이종서 지음
전문가들의 의견, 허리병의 치료에서 가장 중요한 운동치료, 허리디스크와 요통에 관해 언론에서 잘못 소개한 기사나 과장 보도한 기사, 대상이 광범위함으로써 생기고 있는 사이비 의술 및 상업적인 의술을 시행하는 상업적인 병원 등을 소개함으로써 허리병을 앓고 있는 사람들에게 정확하고 올바른 지식을 전달하고자 하는 길라잡이서.　대국전판 / 336쪽 / 12,000원

소아과 전문의에게 듣는 알기 쉬운 소아과 119　신영규 · 이강우 · 최성항 지음
새내기 엄마, 아빠를 위해 올바른 육아법을 제시하고 각종 질병에 대한 치료법 및 예방법, 응급처치법을 소개.
4×6배판 변형 / 280쪽 / 14,000원

피가 맑아야 건강하게 오래 살 수 있다　김영찬 지음
현대인이 앓고 있는 고혈압, 당뇨병, 심장병 등은 피가 끈적거리고 혈관이 너덜거려서 생기는 질병이다. 이러한 성인병을 치료하려면 식이요법, 생활습관 개선 등을 통해 피를 맑게 해야 한다. 이 책에서는 피를 맑게 하기 위해 필요한 처방, 생활습관 개선법을 한의학적 관점에서 상세하게 설명하고 있다.　신국판 / 256쪽 / 10,000원

웰빙형 피부 미인을 만드는 나만의 셀프 피부건강　양해원 지음
모든 사람들이 관심 있어 하는 피부 관리를 집에서 할 수 있게 해주는 실용서. 집에서 간단하게 만들 수 있는 화장수, 팩 등을 소개하여 손 안의 미용서 역할을 하고 있다.　대국전판 / 144쪽 / 10,000원

내 몸을 살리는 생활 속의 웰빙 항암 식품　이승남 지음
'암=사형 선고' 라는 고정 관념을 깨자는 전제 아래 우리 밥상에서 흔히 볼 수 있는 먹거리로 암을 예방하며 치료하는 방법 소개. 암환자와 그 가족들에게 희망을 안겨 줄 것이다.　대국전판 / 248쪽 / 9,800원

마음한글, 느낌한글　박완식 지음
훈민정음의 창제원리를 이용한 한글명상, 한글요가, 한글체조로 지금까지의 요가나 명상과는 차원이 다른 더욱 더 효과적인 수련으로 이제 당신 앞에 새로운 세계가 펼쳐진다.　4×6배판 / 300쪽 / 15,000원

웰빙 동의보감식 발마사지 10분　최미희 지음 / 신재용 감수
발이 병나면 몸에도 병이 생긴다. 우리 몸 중에서 가장 천대받으면서도 가장 많은 일을 하는 발을 새롭게 인식하는 추세에 맞추어 발을 가꾸어 건강을 지키는 방법 제시. 각 질병별 발마사지 방법, 부위를 구체적으로 설명하고 있다. 텔레비전을 보면서 하는 15분의 발마사지가 피로를 풀어주고 건강을 지켜줄 것이다.
4×6배판 변형 / 204쪽 / 13,000원

아름다운 몸, 건강한 몸을 위한 목욕 건강 30분　임하성 지음
우리가 흔히 대수롭지 않게 여기고 하는 습관 중에 하나가 목욕일 것이다. 그러나 이제 목욕도 건강과 관련시켜 올바른 방법으로 해야 한다. 웰빙 시대, 웰빙 라이프에 맞는 올바른 목욕법을 피부 관리 및 우리들의 생활 패턴에 맞추어 제시해 본다.

대국전판 / 176쪽 / 9,500원

내가 만드는 한방생주스 60 김영섭 지음
일반적인 과일·야채 주스에 21가지 한약재로 기본 음료를 만들어
맛과 영양을 고루 갖춘 최초의 웰빙 한방 건강음료 만드는 법 60가
지 수록!! 각 음료마다 만드는 법과 효능을 실어 우리 가족 건강을
지키는 건강지침서의 역할을 한다. 국판 / 112쪽 / 7,000원

몸을 살리는 건강식품 백은희·조창호·최양진 지음
스트레스에 시달리는 현대인들에게 자연 영양소를 공급해 주는 건
강기능식품에 관한 상세한 정보를 담고 있다. 나에게 필요한 영양소
는 어떤 것이 있으며, 어떻게 섭취했을 때 가장 큰 효과를 얻을 수
있는지 등을 조목조목 설명해 놓은 것이 눈에 띈다.
신국판 / 384쪽 / 11,000원

건강도 키우고 성적도 올리는 자녀 건강 김진돈 지음
자녀를 둔 부모라면 가장 먼저 생각하는 것이 자녀의 건강일 것이
다. 특히 수험생을 둔 부모라면 그 관심은 말로 단정지을 수 없다.
수험생 자신이나 부모가 알아야 한 평소 건강 관리법, 제일 이겨내
기 힘든 계절인 여름철 건강 관리법, 조심해야 할 질병들에 대해 예
방법, 치료법을 상세하게 소개하고 있다. 신국판 / 304쪽 / 12,000원

알기 쉬운 간질환 119 이관식 지음
간염이 있는 사람이 술잔을 돌릴 경우 간염이 전염될까? 우리는 간
이 소중한 존재임을 알면서도 혹사시키는 일이 닳다. 간염 전염 및
간경화, 간암 등에 대한 잘못된 지식을 제대로 잡아주고 간과 관련
된 병을 예방하는 법, 병에 걸렸을 때 치료하고 관리하는 법 등을 상
세히 수록하여 간을 건강하게 지킬 수 있도록 해준다.
신국판 / 264쪽 / 11,000원

밥으로 병을 고친다 허봉수 지음
우리가 하루 세 끼 식사에서 대하는 밥상이 우리의 건강을 지켜주는
최고의 건강지킴이다. 이 간단 명료한 진리를 알면서도 우리는 다른
방법으로 건강을 지키려고 한다. 건강을 지키는 일은 어렵고 특별한
일이 아니라 보통의 밥상에서 지킬 수 있는 일임을 강조하고 거기에
맞는 실제 사례를 제시하여 비슷한 사례에서 응용할 수 있게 내용을
구성하고 있다. 대국전판 / 352쪽 / 13,500원

알기 쉬운 신장병 119 김형규 지음
신장병은 특별한 증상이 없어 조기진단이 힘들다고 한다. 그러나 진
단과 치료의 혜택으로 완치를 할 수 있는 병이라고도 한다. 일상생
활 속에서 신장병을 파악할 수 있는 자가진단법, 신장병을 검사하고
치료하는 방법, 신장병과 관련 있는 질병들을 일반인들이 이해하기
수준에서 설명하고 있다. 또한 신장병과 관련 있는 생활 속의 정보
를 부록으로 수록하여 내용의 깊이를 더해 주고 있다.
신국판 / 240쪽 / 10,000원

마음의 감기 치료법 우울증 119 이민수 지음
우울증에는 예외의 대상이 없다. 현대인이라면 누구나 우울증에 걸
릴 수 있다는 전제 아래 일반인들이 쉽게 이해할 수 있는 우울증을
담고 있다. 남에게, 가족에게 숨겨야 하는 몹쓸 병이 아니라 바르고
정확하게 알아야 건강한 삶을 누릴 수 있는 병임을 알리면서 우울증
을 치료하는 법, 환자 본인과 가족 및 주위에서 가져야 할 자세 등을
알려준다. 대국전판 / 232쪽 / 9,800원

관절염 119 송영욱 지음
"비가 오려나? 왜 이리 무릎이 쑤시나." 이렇게 표현되는 관절염에
는 일반인들이 잘 알지 못하는 다른 종류의 관절염도 있다. 이러한
관절염을 일반인들의 입장에서 쉽게 이해하고 예방하고 치료할 수
있는 방법을 소개하고 있다. 생활 속에서의 습관을 고치고 운동을
통해서 허리나 다리가 아픈 통증에서 벗어날 수 있다.
대국전판 / 224쪽 / 9,800원

내 딸을 위한 미성년 클리닉 강병문·이향아·최정원 지음
서울 아산병원 미성년 클리닉팀의 새로운 제안!! 청소년기의 건강상
태는 평생을 좌우한다. 이 시기를 어떻게 보내느냐에 따라 60년 인
생이 완전히 달라질 수 있다. 특히 여자라면 꼭 알아야할 건강 이야
기로 자라나는 우리 딸들이 자신의 몸을 소중히 하는데 도움이 될
것이다. 국판 / 148쪽 / 8,000원

암을 다스리는 기적의 치유법
케이 세이헤이 감수 / 카와키 나리카즈 지음 / 민병수 옮김

저분자 수용성 키토산의 파워!! 항암제나 방사선 치료의 부작용을
경감시키고 그 효과를 오래 지속시켜주는 효과를 비롯한 키토산의 6
대 항암 효과를 통하여 암에 탁월한 효과가 있는 수용성 키토산의
전신 면역 요법에 대하여 알 수 있을 것이다. 더불어 자연치유력에
대한 강한 믿음을 갖게 된다. 신국판 / 256쪽 / 9,000원

스트레스 다스리기
대한불안장애학회 스트레스관리연구특별위원회 지음
스트레스 분야의 21명의 전문가가 쓴 스트레스 해소법. 암보다 무서
운 병, 스트레스를 줄이면 10년은 젊게 살 수 있다.
신국판 / 304쪽 / 12,000원

천연 식초 건강법 건강식품연구회 엮음 / 신재용(해성한의원 원장) 감수
가장 쉽게 구할 수 있고 경제적인 식품이면서 상상할 수 없을 정도
로 뛰어난 약효를 지닌 식초의 모든 것을 담은 건강지침서!
신국판 / 252쪽 / 9,000원

암에 대한 모든 것 서울아산병원 암센터 지음
이 책은 우리나라에서 특히 발병률이 높은 7가지 암에 대해 철저히 분
석한 책이다. 해당 암의 원인부터 발병률, 원인 및 진단법, 치료법, 예
방법 및 관리법, 해당 암에 대해 잘못 알려진 상식 등 암에 대한 보다
실질적이고 구체적인 정보를 담았다. 암에 대한 정보를 필요로 이들이
보다 효율적으로 이용할 수 있는 책이다. 신국판 / 360쪽 / 13,000원

알록달록 컬러 다이어트 이승남 지음
이 시대의 트렌드인 웰빙 열풍 가운데 컬러 푸드가 커다란 아이템으
로 자리 잡고 있다. 이 책에서는 다이어트 시에 생기는 스트레스와
스트레스로 인한 활성산소, 다이어트로 인한 영양불균형 등을 컬러
푸드를 이용하여 우리 몸을 젊고 건강하고 아름답게 가꾸는 방법을
상세히 제시하여 주고 있다. 또한 비만이 아닌 체형교정을 원하는
분들에게는 올바른 운동법과 마사지요법을 통하여 문제를 해결할
수 있도록 길을 열어준다. 국판 / 248쪽 / 10,000원

당신도 부모가 될 수 있다 정병준 지음
우리나라의 결혼한 부부 중 7쌍 중에 1쌍이 불임으로 고통 받고 있다
고 한다. 불임극복이 쉬운 일은 아니지만 그렇다고 불가능한 것은 분
명 아니다. 이 책은 서울여성병원의 불임센터 소장으로 있는 정병준
박사의 불임 원인에 대한 다양한 연구, 치료의 과정들을 사례와 Q&A
를 기본으로 하여 자세하게 다루고 있다. 특히 직접 시험관아기 시술
이나 인공수정 등 구체적인 불임치료를 통해 임신에 성공한 사람들의
수기도 포함하고 있어 그 감동을 더해주고 있다.
신국판 / 268쪽 / 9,500원

키 10cm 더 크는 키네스 성장법 김양수·이종균·최형규·표재환 지음
특허받은 키성장 시스템으로 많은 이들을 고민에서 해방시켜 주고
있는 키네스 성장센터 김양수 원장의 키크기 비법.
대국전판 / 316쪽 / 12,000원

당뇨병 백과 이현철·송영득·안철우 지음
당뇨병 최고 명의들이 알려주는 당뇨병 예방 치료의 모든 것!
4×6배판 변형 / 396쪽 / 16,000원

호흡기 클리닉 119 박성학 지음
계절별로 흔하게 발생하는 호흡기질환 및 일반인들이 궁금해 하는
건강 상식, 중요한 의료 지식 등을 담아 호흡기질환 전반에 대한 개
념을 갖도록 한 책. 신국판 / 256쪽 / 10,000원

교 육

우리 교육의 창조적 백색혁명
원상기 지음 / 신국판 / 206쪽 / 6,000원

현대생활과 체육
조창남 외 5명 공저 / 신국판 / 340쪽 / 10,000원

퍼펙트 MBA IAE유학네트 지음 / 신국판 / 400쪽 / 12,000원

유학길라잡이 Ⅰ - 미국편
IAE유학네트 지음 / 4×6배판 / 372쪽 / 13,900원

유학길라잡이 Ⅱ - 4개국편
IAE유학네트 지음 / 4×6배판 / 348쪽 / 13,900원

조기유학길라잡이.com
IAE유학네트 지음 / 4×6배판 / 428쪽 / 15,000원

현대인의 건강생활
박상호 외 5명 공저 / 4×6배판 / 268쪽 / 15,000원

천재아이로 키우는 두뇌훈련
나카마츠 요시로 지음 / 민병수 옮김 / 국판 / 288쪽 / 9,500원

두뇌혁명
나카마츠 요시로 지음 / 민병수 옮김 / 4×6판 양장본 / 288쪽 / 12,000원

테마별 고사성어로 익히는 한자
김경익 지음 / 4×6배판 변형 / 248쪽 / 9,800원

生生 공부비법 이은승 지음 / 대국전판 / 272쪽 / 9,500원

자녀를 성공시키는 **습관만들기**
배은경 지음 / 대국전판 / 232쪽 / 9,500원

한자능력검정시험 1급
한자능력검정시험연구위원회 편저 / 4×6배판 / 568쪽 / 21,000원

한자능력검정시험 2급
한자능력검정시험연구위원회 편저 / 4×6배판 / 472쪽 / 18,000원

한자능력검정시험 3급(3급II)
한자능력검정시험연구위원회 편저 / 4×6배판 / 440쪽 / 17,000원

한자능력검정시험 4급(4급II)
한자능력검정시험연구위원회 편저 / 4×6배판 / 352쪽 / 15,000원

한자능력검정시험 5급
한자능력검정시험연구위원회 편저 / 4×6배판 / 264쪽 / 11,000원

한자능력검정시험 6급
한자능력검정시험연구위원회 편저 / 4×6배판 / 168쪽 / 8,500원

한자능력검정시험 7급
한자능력검정시험연구위원회 편저 / 4×6배판 / 152쪽 / 7,000원

한자능력검정시험 8급
한자능력검정시험연구위원회 편저 / 4×6배판 / 112쪽 / 6,000원

볼링의 이론과 실기 이택상 지음 / 신국판 / 192쪽 / 9,000원

고사성어로 끝내는 천자문
조준상 글·그림 / 4×6배판 / 216쪽 / 12,000원

내 아이 스타 만들기
김민성 지음 / 신국판 / 200쪽 / 9,000원

교육 1번지 강남 엄마들의 **수험생 자녀 관리**
황송주 지음 / 신국판 / 288쪽 / 9,500원

초등학생이 꼭 알아야 할 **위대한 역사 상식**
우진영·이양경 지음 / 4×6배판변형 / 228쪽 / 9,500원

초등학생이 꼭 알아야 할 **행복한 경제 상식**
우진영·전선심 지음 / 4×6배판변형 / 224쪽 / 9,500원

초등학생이 꼭 알아야 할 **재미있는 과학상식**
우진영·정경희 지음 / 4×6배판변형 / 220쪽 / 9,500원

한자능력검정시험 3급·3급II
한자능력검정시험연구위원회 편저 / 4×6판 / 380쪽 / 7,500원

교과서 속에 꼭꼭 숨어있는 **이색박물관 체험** 이신화 지음
초등학생 자녀와 함께하는 박물관 관람의 길잡이&다양한 체험활동 지침서. 직접 활용할 수 있도록 박물관 현장 체험을 하면서 할 수 있는 다양한 교육방법을 사진과 일러스트를 이용하여 쉽게 풀어 놓은 책. 대국전판 / 248쪽 / 12,000원

취미·실용

김진국과 같이 배우는 **와인의 세계**
김진국 지음 / 국배판 변형양장본(올 컬러판) / 208쪽 / 30,000원

경제·경영

CEO가 될 수 있는 성공법칙 101가지
김승룡 편역 / 신국판 / 320쪽 / 9,500원

정보소프트 김승룡 지음 / 신국판 / 324쪽 / 6,000원

기획대사전 다카하시 겐코 지음 / 홍영의 옮김
기획에 관련된 모든 사항을 실례와 도표를 통하여 초보자에서 프로 기획맨에 이르기까지 효율적으로 활용할 수 있도록 체계적으로 총 망라하였다. 신국판 / 552쪽 / 19,500원

맨손창업·맞춤창업 BEST 74 양혜숙 지음
창업대행 현장 전문가가 추천하는 유망업종을 7가지 주제별로 나누어 수록한 맞춤창업서로 창업예비자들에게 창업의 길을 밝혀줄 발로 뛰면서 만든 실무 지침서!! 신국판 / 416쪽 / 12,000원

무자본, 무점포 창업! FAX 한 대면 성공한다
다카시로 고시 지음 / 홍영의 옮김 / 신국판 / 226쪽 / 7,500원

성공하는 기업의 **인간경영** 중소기업 노무 연구회 편저 / 홍영의 옮김
무한경쟁시대에서 각 기업들의 다양한 경영 실태 속에서 인사·노무 관리 개선에 있어서 기업의 효율을 높이고 발전을 이룰 수 있는 원칙을 제시. 신국판 / 368쪽 / 11,000원

21세기 IT가 세계를 지배한다 김광희 지음
21세기 화두로 떠오른 IT혁명의 경쟁력에 대해서 전문가의 논리적이고 철저한 해설과 더불어 매장 끝까지 실제 사례를 곁들여 설명.
신국판 / 380쪽 / 12,000원

경제기사로 부자아빠 만들기 김기태·신현태·박근수 공저
날마다 배달되는 경제기사를 꼼꼼히 챙겨보는 사람만이 현대생활에서 부자가 될 수 있다. 언론인의 현장감각과 학자의 전문성을 접목시킨 것이 이 책의 특성! 누구나 이 책을 읽고 경제원리를 체득, 경제예측을 할 수 있게 준비된 생활경제서적. 신국판 / 388쪽 / 12,000원

포스트 PC의 주역 **정보가전과 무선인터넷** 김광희 지음
포스트 PC의 주역으로 급부상하고 있는 정보가전과 무선인터넷 그리고 이를 구현하기 위한 관련 테크놀러지를 체계적으로 소개.
신국판 / 356쪽 / 12,000원

성공하는 사람들의 **마케팅 바이블** 채수명 지음
최근의 이론을 보완하여 내놓은 마케팅 관련 실무서. 마케팅의 정보전략, 핵심요소, 컨설팅실무까지 저자의 노하우와 창의적인 이론이 결합된 마케팅서. 신국판 / 328쪽 / 12,000원

느린 비즈니스로 돌아가라 사카모토 게이이치 지음 / 정성호 옮김
미국식 스피드 경영에 익숙해져 현실의 오류를 간과하고 있는 사람들을 위한 어떻게 팔 것인가보다 무엇을 팔 것인가를 설명하는 마케팅 컨설턴트의 대안 제시서! 신국판 / 276쪽 / 9,000원

적은 돈으로 큰돈 벌 수 있는 **부동산 재테크** 이원재 지음
700만 원으로 부동산 재테크에 뛰어들어 100배 불린 저자가 부동산 재테크를 계획하고 있는 사람들이 반드시 알아두어야 할 내용을 경험담을 담아 해설해 놓은 경제서. 신국판 / 340쪽 / 12,000원

바이오혁명 이주영 지음
21세기 국가간 경쟁부문으로 새로이 떠오르고 있는 바이오혁명에 관한 기초지식을 언론사에 몸담고 있는 현직 기자가 아주 쉽게 해설해 놓은 바이오 가이드서. 바이오 관련 용어 해설 수록.
신국판 / 328쪽 / 12,000원

성공하는 사람들의 **자기혁신 경영기술** 채수명 지음
자기 계발을 통한 신지식 자기경영마인드를 갖추어야 한다는 전제 아래 그 방법을 자세하게 알려주는 자기계발 지침서.
신국판 / 344쪽 / 12,000원

CFO 교텐 토요오·타하라 오키시 지음 / 민병수 옮김
일반인들에게 생소한 용어인 CFO, 즉 최고 재무책임자의 역할이 지금까지와는 완전히 달라져야 한다. 기업을 이끌어가는 새로운 키잡이로서의 CFO의 역할, 위상 등을 일본의 기업을 중심으로 하여 알아보고 바람직한 방향을 제시한다. 신국판 / 312쪽 / 12,000원

네트워크시대 네트워크마케팅 임동학 지음
학력, 사회적 지위 등에 관계 없이 자신이 노력한 만큼 돈을 벌 수 있는 네트워크마케팅에 관해 알려주는 안내서. 신국판 / 376쪽 / 12,000원

성공리더의 7가지 조건
다이앤 트레이시 · 윌리엄 모건 지음 / 지창영 옮김
개인과 팀, 조직관계의 개선을 위한 방향제시 및 실천을 위한 안내자 역할을 해주는 책. 현장에서 활용할 수 있는 실용서.
신국판 / 360쪽 / 13,000원

김종결의 성공창업 김종결 지음
'누구나 창업을 할 수는 있지만 아무나 돈을 버는 것은 아니다' 라는 전제 아래 중견 연기자로서, 음식점 사장님으로 성공한 탤런트 김종결의 성공비결을 통해 창업전략과 성공전략을 제시한다.
신국판 / 340쪽 / 12,000원

최적의 타이밍에 내 집 마련하는 기술 이원재 지음
부동산을 통한 재테크의 첫걸음 '내 집 마련' 의 결정판. 체계적이고 한눈에 쏙 들어 오는 '내 집 장만 과정' 을 쉽게 풀어놓은 부동산재테크서. 신국판 / 248쪽 / 10,500원

컨설팅 세일즈 Consulting sales 임동학 지음
발로 뛰는 영업이 아니라 머리로 하는 영업이 절실히 요구되는 시대 상황에 맞추어 고객지향의 세일즈, 과제해결 세일즈, 구매자와 공급자 간에 서로 만족하는 세일즈법 제시. 대국전판 / 336쪽 / 13,000원

연봉 10억 만들기 김농주 지음
연봉으로 말해지는 임금을 재테크 하여 부자가 될 수 있는 방법 제시. 고액의 연봉을 받기 위해서 개인이 갖추어야 할 실무적 능력, 태도, 마음가짐, 재테크 수단 등을 각 주제에 따라 구체적으로 제시함으로써 부자를 꿈꾸는 사람들이 그 희망을 이룰 수 있게 해준다.
국판 / 216쪽 / 10,000원

주5일제 근무에 따른 한국형 주말창업 최효진 지음
우리나라 실정에 맞는 주말창업 아이템의 제시 및 창업시 필요한 정보를 얻을 수 있는 곳, 주의해야 할 점, 실전 인터넷 쇼핑몰 창업, 표준사업계획서 등을 수록하여 지금 당장이라도 내 사업을 할 수 있게 해주는 창업 길라잡이서. 신국판 변형 양장본 / 216쪽 / 10,000원

돈 되는 땅 돈 안되는 땅 김영준 지음
부동산 틈새시장에서 성공하는 투자 노하우를 신행정수도 예정지 및 고속철도 역세권 등 투자 유망지역을 중심으로 완벽하게 수록해 놓은 부동산 재테크서. 신국판 / 320쪽 / 13,000원

돈 버는 회사로 만들 수 있는 109가지
다카하시 도시노리 지음 / 민병수 옮김
회사경영에서 경영자가 꼭 알아야 할 기본 사항 수록. 내용이 항목별로 정리되어 있어 원하는 자료를 바로 찾아 볼 수 있는 것이 최대의 장점. 이 책을 통해서 불필요한 군살을 빼고 강한 근육질을 가진 돈 버는 회사를 만들어 보자. 신국판 / 344쪽 / 13,000원

프로는 디테일에 강하다 김미현 지음
탄탄하게 자리를 잡은 15군데 중소기업의 여성 CEO들이 회사를 운영하면서 겪은 어려움, 기쁨 등을 자서전 형식을 빌어 솔직 담백하게 얘기했다. 예비 창업자들을 위한 조언, 경영 철학, 성공 요인도 담고 있어 창업을 준비하는 사람들에게 도움이 될 것이다.
신국판 / 248쪽 / 9,000원

머니투데이 송복규 기자의 부동산으로 주머니돈 100배 만들기 송복규 지음
재테크 수단으로 새롭게 각광 받고 있는 부동산을 이용한 재산 증식 방법 수록. 부동산 재료별 특성에 따른 맞춤 투자전략을 제시하고 알아두면 편리한 부동산 상식도 알려준다. 현직 전문 기자의 예리한 분석과 최신 정보가 담겨 있는 부동산재테크 가이드서.
신국판 / 328쪽 / 13,000원

성공하는 슈퍼마켓&편의점 창업 나명환 지음
슈퍼마켓이나 편의점을 창업하려고 하는 사람들을 위한 창업 가이드서. 어느 위치에 얼마만한 크기로, 어떤 상품을 갖추고 어떤 마인드로 창업하고 영업해야 대형할인점과의 경쟁에서 살아남을 수 있는지 등을 저자의 실제 경험과 통계, 전문가들의 의견을 바탕으로 상세하게 소개. 4×6배판 변형 / 500쪽 / 28,000원

대한민국 성공 재테크 부동산 펀드와 리츠로 승부하라 김영준 지음
새로운 재테크 수단으로 세간의 관심을 모으고 있는 부동산 펀드와 리츠에 관한 투자 안내서. 리스크 없이 투자에 성공하기 위해서 알아두어야 할 주의사항, 펀드 및 리츠 관련 상품 설명, 실제로 투자되고 있는 물건을 수록하여 책을 통해서 실전 투자감각을 익힐 수 있게 하였다. 신국판 / 256쪽 / 12,000원

마일리지 200% 활용하기 박성희 지음
우리 주변에는 마일리지와 관련 있는 다양한 카드가 있다. 신용카드로부터 시작하여 이동통신사의 멤버십 카드, 캐시백 카드, 각 업소의 스탬프 카드 등 다양한 종류의 카드가 각기 특성을 가지고 우리 생활 속에서 이용되고 있다. 잘 알고 활용하면 개인의 주머니 경제, 가계의 살림에 보탬이 되는 각종 마일리지에 관한 최신 정보를 한 권에 모아 놓았다. 이 책의 내용을 잘 활용하면 새는 돈을 알뜰살뜰 모으는 길이 보일 것이다. 국판 변형 / 200쪽 / 8,000원

1%의 가능성에 도전, 성공 신화를 이룬 여성 CEO 김미현 지음
탄탄하게 자리를 잡은 15군데 중소기업의 여성 CEO들이 회사를 운영하면서 겪은 어려움, 기쁨 등을 자서전 형식을 빌어 솔직 담백하게 얘기했다. 예비 창업자들을 위한 조언, 경영 철학, 성공 요인도 담고 있어 창업을 준비하는 사람들에게 도움이 될 것이다.
신국판 / 248쪽 / 9,500원

3천만 원으로 부동산 재벌 되기 최수길 · 이숙 · 조연희 지음
전세에 머물고 있는 일반 서민들에게 가정의 보금자리인 내 집 마련의 길을 안내하고 여유자금을 가지고 소액으로도 투자할 수 있는 알짜 재테크 정보를 소개하고 있다. 신국판 / 290쪽 / 12,000원

10년을 앞설 수 있는 재테크 노동규 지음
이 책은 돈이 모아지는 기본적인 구조를 설명하여 우리들의 평범한 삶에 영향을 끼치는 머니 시스템에 대해 알려주고 있다. 때문에 이제 막 재테크를 시작하는 2, 30대 직장인을 비롯한 주부들에게 바람직한 재테크 실천전략을 제시하는 책이라 할 수 있다.
신국판 / 260쪽 / 10,000원

세계 최강을 추구하는 도요타 방식
나카야마 키요타카 지음 / 민병수 옮김
'도요타 생산 방식' 의 개발자인 오노 타이이치에게서 전수받은 경영 철학과 실천방안을 소개하고 있다. 끝없이 낭비를 철저하게 제거하고 고객이 원하는 만큼 생산하여 재고를 최소화하는 JIT(Just-In-Time)의 진정한 의미, 고객의 최대 만족을 확보하기 위하여 납품 공정을 최적화하는 딜리버리 설계 등의 기법을 중점적으로 소개한다.
신국판 / 296쪽 / 12,000원

최고의 설득을 이끌어내는 프레젠테이션 조두환 지음
이 책은 직장인들에게 필수적인 프레젠테이션을 어떻게 준비하고 발표해야 하는가에 대한 자세한 답을 제시하고 있다. 클라이언트와 청중을 사로잡는 프레젠테이션을 위해 가장 중요한 청중 분석과 자료수집에서부터 시청각 기자재 활용, 발표원고 작성, 연습, 질문응대 요령 등이 천 번 이상의 실전을 치른 저자의 경험을 바탕으로 제시되고 있다. 승진이나 취업, 새로운 프로젝트를 위해 꼭 필요한 프레젠테이션을 이 책 한 권이면 완벽하게 끝낼 수 있다.
신국판 / 296쪽 / 11,000원

최고의 만족을 이끌어내는 창의적 협상 조강희 · 조원희 지음
협상 관련 컨설팅과 실무를 담당하고 있는 두 변호사가 제시하는 협상에 대한 새로운 이해와 원칙이다. 상대를 배려하는 '창의적 협상' 이야말로 협상의 궁극적인 목적을 실현하는 효과적인 길임을 강조한다. 신국판 / 248쪽 / 10,000원

New 세일즈 기법 물건을 팔지 말고 가치를 팔아라 조기선 지음
너도나도 물건을 팔기 위해 치열한 가격경쟁으로 치닫고 있는 시대에 이 책에서는 '팔지 않는 철학' 을 강조한다. 저자는 이제 물건을 파는 시대가 아니라 '가치' 를 파는 시대라고 강조한다. 가치를 제공함으로써 고객이 스스로 필요성을 느끼고 구매하도록 만드는 상품전략, 서비스전략, 마케팅전략을 제안한다. 신국판 / 264쪽 / 9,500원

작은 회사는 전략이 달라야 산다 황문진 지음
1인 이상 30인 이하 규모의 작은 회사를 위한 비즈니스 전략서다. 소기업은 대기업의 경영 방식을 따라가면 망한다. 적은 비용과 노력으로도 얼마든지 많은 이익을 낼 수 있는 경영전략과 노하우 그리고 그 사례들을 소개한다. 신국판 / 312쪽 / 11,000원

돈되는 슈퍼마켓&편의점 창업전략(입지 편) 나명환 지음
슈퍼마켓과 편의점으로 성공하고자 하는 분들을 위하여 슈퍼마켓과
편의점만이 가지는 입지의 특징을 빠짐없이 정리하여 창업에 도움
을 준 책. 신국판 / 352쪽 / 13,000원

25·35 꼼꼼 여성 재테크 정원훈 지음
재테크에 관심이 많은 대한민국 여성들을 위한 여성 재테크 책. 가
계부 쓰기에서부터 금융상품 활용법까지 재테크의 정보를 총망라한
책. 신국판 / 224쪽 / 11,000원

주 식

개미군단 대박맞이 주식투자
홍성걸(한양증권 투자분석팀 팀장) 지음 / 신국판 / 310쪽 / 9,500원

알고 하자! 돈 되는 주식투자
이길영 외 2명 공저 / 신국판 / 388쪽 / 12,500원

항상 당하기만 하는 개미들의 매도·매수타이밍 **999% 적중 노하우**
강경무 지음 / 신국판 / 336쪽 / 12,000원

부자 만들기 주식성공클리닉
이창희 지음 / 신국판 / 372쪽 / 11,500원

선물·옵션 이론과 실전매매
이창희 지음 / 신국판 / 372쪽 / 12,000원

너무나 쉬워 재미있는 주가차트
홍성무 지음 / 4×6배판 / 216쪽 / 15,000원

주식투자 직접 투자로 높은 수익을 올릴 수 있는 비결
김학균 지음 / 신국판 / 230쪽 / 11,000원

역 학

역리종합 만세력 정도명 편저 / 신국판 / 532쪽 / 10,500원
작명대전 정보국 지음 / 신국판 / 460쪽 / 12,000원
하락이수 해설 이천교 편저 / 신국판 / 620쪽 / 27,000원
현대인의 창조적 **관상과 수상** 백운산 지음 / 신국판 / 344쪽 / 9,000원
대운용신영부적 정재원 지음 / 신국판 양장본 / 750쪽 / 39,000원
사주비결활용법 이세진 지음 / 신국판 / 392쪽 / 12,000원
컴퓨터세대를 위한 新 **성명학대전** 박용찬 지음 / 신국판 / 388쪽 / 11,000원
길흉화복 꿈풀이 비법 백운산 지음 / 신국판 / 410쪽 / 12,000원
새천년 **작명컨설팅** 정재원 지음 / 신국판 / 492쪽 / 13,900원
백운산의 **신세대 궁합** 백운산 지음 / 신국판 / 304쪽 / 9,500원
동자삼 작명학 남시모 지음 / 신국판 / 496쪽 / 15,000원
구성학의 기초 문길여 지음 / 신국판 / 412쪽 / 12,000원
소울음소리 이건우 지음 / 신국판 / 314쪽 / 10,000원

법률 일반

여성을 위한 성범죄 법률상식
조명원(변호사) 지음 / 신국판 / 248쪽 / 8,000원

아파트 난방비 75% 절감방법
고영근 지음 / 신국판 / 238쪽 / 8,000원

일반인이 꼭 알아야 할 절세전략 173선
최성호(공인회계사) 지음 / 신국판 / 392쪽 / 12,000원

변호사와 함께하는 **부동산 경매**
최환주(변호사) 지음 / 신국판 / 404쪽 / 13,000원

혼자서 쉽고 빠르게 할 수 있는 **소액재판**
김재용·김종철 공저 / 신국판 / 312쪽 / 9,500원

"술 한 잔 사겠다"는 말에서 찾아보는 **채권·채무**
변환철(변호사) 지음 / 신국판 / 408쪽 / 13,000원

알기쉬운 **부동산 세무 길라잡이**
이건우(세무서 재산계장) 지음 / 신국판 / 400쪽 / 13,000원

알기쉬운 **어음, 수표 길라잡이**
변환철(변호사) 지음 / 신국판 / 328쪽 / 11,000원

제조물책임법
강동근(변호사)·윤종성(검사) 공저 / 신국판 / 368쪽 / 13,000원

알기 쉬운 **주5일근무에 따른 임금·연봉제 실무**
문강분(공인노무사) 지음 / 4×6배판 변형 / 544쪽 / 35,000원

변호사 없이 당당히 이길 수 있는 **형사소송**
김대환 지음 / 신국판 / 304쪽 / 13,000원

변호사 없이 당당히 이길 수 있는 **민사소송**
김대환 지음 / 신국판 / 412쪽 / 14,500원

혼자서 해결할 수 있는 **교통사고 Q&A**
조명원(변호사) 지음 / 신국판 / 336쪽 / 12,000원

알기 쉬운 **개인회생·파산 신청법**
최재구(법무사) 지음 / 신국판 / 352쪽 / 13,000원

생활법률

부동산 생활법률의 기본지식
대한법률연구회 지음 / 김원중(변호사) 감수 / 신국판 / 480쪽 / 12,000원

고소장·내용증명 생활법률의 기본지식
하태웅(변호사) 지음 / 신국판 / 440쪽 / 12,000원

노동 관련 생활법률의 기본지식
남동희(공인노무사) 지음 / 신국판 / 528쪽 / 14,000원

외국인 근로자 생활법률의 기본지식
남동희(공인노무사) 지음 / 신국판 / 400쪽 / 12,000원

계약작성 생활법률의 기본지식
이상도(변호사) 지음 / 신국판 / 560쪽 / 14,500원

지적재산 생활법률의 기본지식
이상도(변호사)·조의제(변리사) 공저 / 신국판 / 496쪽 / 14,000원

부당노동행위와 부당해고 생활법률의 기본지식
박영수(공인노무사) 지음 / 신국판 / 432쪽 / 14,000원

주택·상가임대차 생활법률의 기본지식
김운용(변호사) 지음 / 신국판 / 480쪽 / 14,000원

하도급거래 생활법률의 기본지식
김진홍(변호사) 지음 / 신국판 / 440쪽 / 14,000원

이혼소송과 재산분할 생활법률의 기본지식
박동섭(변호사) 지음 / 신국판 / 460쪽 / 14,000원

부동산등기 생활법률의 기본지식
정상태(법무사) 지음 / 신국판 / 456쪽 / 14,000원

기업경영 생활법률의 기본지식
안동섭(단국대 교수) 지음 / 신국판 / 466쪽 / 14,000원

교통사고 생활법률의 기본지식
박정무(변호사)·전병찬 공저 / 신국판 / 480쪽 / 14,000원

소송서식 생활법률의 기본지식
김대환 지음 / 신국판 / 480쪽 / 14,000원

호적·가사소송 생활법률의 기본지식
정주수(법무사) 지음 / 신국판 / 516쪽 / 14,000원

상속과 세금 생활법률의 기본지식
박동섭(변호사) 지음 / 신국판 / 480쪽 / 14,000원

담보·보증 생활법률의 기본지식

류창호(법학박사) 지음 / 신국판 / 436쪽 / 14,000원

소비자보호 생활법률의 기본지식
김성천(법학박사) 지음 / 신국판 / 504쪽 / 15,000원

판결·공정증서 생활법률의 기본지식
정상태(법무사) 지음 / 신국판 / 312쪽 / 13,000원

산업재해보상보험 생활법률의 기본지식
정유석(공인노무사) 지음 / 신국판 / 384쪽 / 14,000원

처 세

성공적인 삶을 추구하는 여성들에게 우먼파워
조안 커너·모이라 레이너 공저 / 지창영 옮김
사회의 여성을 향한 냉대와 편견의 벽을 깨뜨리고 성공적인 삶을 이루려는 여성들이 갖추어야 할 자세 및 삶의 이정표 제시!!
신국판 / 352쪽 / 8,800원

聽 이익이 되는 말 話 손해가 되는 말
우메시마 미요 지음 / 정성호 옮김
직장이나 집안에서 언제나 주고받는 일상의 화제를 모아 실음으로써 대화의 참의미를 깨닫고 비즈니스를 성공적으로 이끌기 위한 대화술을 키우는 방법 제시!! 신국판 / 304쪽 / 9,000원

부자들의 생활습관 가난한 사람들의 생활습관
다케우치 야스오 지음 / 홍영의 옮김
경제학의 발상을 기본으로 하여 사람들이 살아가면서 생활에서 생각해 볼 수 있는 이익을 보는 생활습관과 손해를 보는 생활습관을 수록, 독자 자신에게 맞는 생활습관의 기본 전략을 설계할 수 있도록 제시. 신국판 / 320쪽 / 9,800원

코끼리 귀를 당긴 원숭이-히딩크식 창의력을 배우자 강충인 지음
코끼리와 원숭이의 우화를 히딩크의 창조적 경영기법과 리더십에 대비하여 자기혁신, 기업혁신을 꾀하는 창의력 개발법을 제시.
신국판 / 208쪽 / 8,500원

성공하려면 유머와 위트로 무장하라 민영욱 지음
21세기에 들어 새로운 추세를 형성하고 있는 말 잘하기. 이러한 추세에 맞추어 현재 스피치 강사로 활약하고 있는 저자가 말을 잘하는 방법과 유머와 위트를 만들고 즐기는 방법을 제시한다.
신국판 / 292쪽 / 9,500원

등소평의 오뚝이전략 조창남 편저
중국 역사상 정치·경제·학문 등의 분야에서 최고 위치에 오른 리더들의 인재활용, 상황 극복법 등 처세 전략·전술을 통해 이 시대의 성공인으로 자리매김하는 해법 제시. 신국판 / 304쪽 / 9,500원

노무현 화술과 화법을 통한 이미지 변화 이현정 지음
현재 불교방송에서 활동하고 있는 이현정 아나운서의 화술 길라잡이서. 노무현 대통령의 독특한 화술과 화법을 통해 리더로서, 성공인으로서 갖추어야 할 화술 화법을 배우는 화술 실용서.
신국판 / 320쪽 / 10,000원

성공하는 사람들의 토론의 법칙 민영욱 지음
다양한 사람들의 다양한 욕구를 하나로 응집시키는 수단으로 등장하고 있는 토론에 관해 간단하고 쉽게 제시한 토론 길라잡이서.
신국판 / 280쪽 / 9,500원

사람은 칭찬을 먹고산다 민영욱 지음
현대에서 성공하는 사람으로 남기 위해서는 남을 칭찬할 줄도 알아야 한다. 성공하는 사람이 되기 위해서 알아야 할 칭찬 스피치의 기법, 특징 등을 실생활에 적용해 설명해놓은 성공처세 지침서.
신국판 / 268쪽 / 9,500원

사과의 기술 김농주 지음
미안하다는 말에 인색한 한국인들에게 "I'm sorry."가 성공을 위한 처세 기법으로 다가온다. 직장, 가정 등 다양한 환경에서 사과 한마디의 의미, 기능을 알아보고 효율성을 가진 사과가 되기 위해 갖추어야 할 조건을 제시한다. 신국판 변형 양장본 / 200쪽 / 10,000원

취업 경쟁력을 높여라 김농주 지음
각 기업별 특성 및 취업 정보 분석과 예비 취업자의 능력 개발, 자신의 적성에 맞는 직종과 직장 잡는 법을 상세하게 수록.
신국판 / 280쪽 / 12,000원

유비쿼터스시대의 블루오션 전략 최양진 지음
나날이 치열해지는 경쟁 환경 속에서 최후의 웃는 사람이 되기 위해서는 시대의 흐름에 빨리 적응하고, 정보를 신속하게 받아들이며, 남과는 다른 튀는 행동을 해야 한다고 저자는 주장한다. 유비쿼터스 시대를 맞아 생존 경쟁에서 살아남는 지혜, 전략을 현실 점검을 바탕으로 세우는 방법 제시. 신국판 / 248쪽 / 10,000원

나만의 블루오션 전략-화술편 민영욱 지음
모든 사람과의 관계에는 대화가 있게 마련이다. 특히 직장인이나 비즈니스를 하는 CEO들은 더욱 절실히 느낄 것이다. 이 책에는 일반적으로 나누는 대화의 기법부터 좀더 부드러운 분위기를 위한 유머화술의 기법까지 총망라하여 성공된 리더가 될 수 있는 방법을 제시한다. 신국판 / 254쪽 / 10,000원

희망의 씨앗을 뿌리는 20대를 위하여 우광균 지음
이 책은 예측대로 살아지지 않는 인생에 이제 막 발을 들여놓은 사회 초년생에게 인생의 지침이 되어줄 조언이 담겨 있다. 저자 자신이 경험한 실제 사례들을 통해 우리가 일상에서 쉽게 접하는 모든 일들을 어떻게 받아들이고 또 얻을 수 있는 것은 무엇인지 알려주고 있다.
신국판 / 172쪽 / 8,000원

끌리는 사람이 되기위한 이미지 컨설팅 홍순아 지음
비주얼 시대에는 필요한 순간에 필요한 이미지를 정확하게 표출할 수 있어야 성공적인 인생을 살아갈 수 있다. 그러므로 자신만의 이미지를 만드는 것은 이 시대 가장 큰 경쟁력이다. 이 책은 자연스럽게, 때로는 전략적으로, 자신만의 이미지를 다듬고 만드는 방법을 알기 쉽게 제시하고 있다. 대국전판 / 194쪽 / 10,000원

글로벌 리더의 소통을 위한 스피치 민영욱 지음
최고의 리더가 될 수 있는 가치를 높여주는 커뮤니케이션 스피치 지침서로. 이 책 한 권이면 인생을 바꿀 수 있는 고품격 스피치를 터득할 수 있다. 신국판 / 328쪽 / 10,000원

명 상

명상으로 얻는 깨달음
달라이 라마 지음 / 지창영 옮김 / 국판 / 320쪽 / 9,000원

어 학

2진법 영어 이상도 지음 / 4×6배판 변형 / 328쪽 / 13,000원

한 방으로 끝내는 영어 고제윤 지음 / 신국판 / 316쪽 / 9,800원

한 방으로 끝내는 영단어 김승엽 지음 / 김수경·카렌다 감수 / 4×6배판 변형 / 236쪽 / 9,800원

해도해도 안 되던 영어회화 하루에 30분씩 90일이면 끝난다
Carrot Korea 편집부 지음 / 4×6배판 변형 / 260쪽 / 11,000원

바로 활용할 수 있는 기초생활영어
김수경 지음 / 신국판 / 240쪽 / 10,000원

바로 활용할 수 있는 비즈니스영어
김수경 지음 / 신국판 / 252쪽 / 10,000원

생존영어55 홍일록 지음 / 신국판 / 224쪽 / 8,500원

필수 여행영어회화 한현숙 지음 / 4×6판 변형 / 328쪽 / 7,000원

필수 여행일어회화 윤영자 지음 / 4×6판 변형 / 264쪽 / 6,500원

필수 여행중국어회화 이은진 지음 / 4×6판 변형 / 256쪽 / 7,000원

영어로 배우는 중국어 김승엽 지음 / 신국판 / 216쪽 / 9,000원

필수 여행스페인어회화 유연창 지음 / 4×6판 변형 / 288쪽 / 7,000원

바로 활용할 수 있는 **홈스테이 영어**
김형주 지음 / 신국판 / 184쪽 / 9,000원

레포츠

수열이의 브라질 축구 탐방 **삼바 축구, 그들은 강하다**
이수열 지음 / 신국판 / 280쪽 / 8,500원

마라톤, 그 아름다운 도전을 향하여
빌 로저스 · 프리실라 웰치 · 조 헨더슨 공저 /
오인환 감수 / 지창영 옮김 / 4×6배판 / 320쪽 / 15,000원

퍼팅 메커닉
이근택 지음 / 4×6배판 변형 / 192쪽 / 18,000원

아마골프 가이드
정영호 지음 / 4×6배판 변형 / 216쪽 / 12,000원

인라인스케이팅 100%즐기기
임미숙 지음 / 4×6배판 변형 / 172쪽 / 11,000원

배스낚시 테크닉
이종건 지음 / 4×6배판 / 440쪽 / 20,000원

나도 디지털 전문가 될 수 있다!!!
이승훈 지음 / 4×6배판 / 320쪽 / 19,200원

스키 100% 즐기기
김동환 지음 / 4×6배판 변형 / 184쪽 / 12,000원

태권도 총론
하웅의 지음 / 4×6배판 / 288쪽 / 15,000원

건강하고 아름다운 **동양란 기르기**
난마을 지음 / 4×6배판 변형 / 184쪽 / 12,000원

수영 100% 즐기기
김종만 지음 / 4×6배판 변형 / 248쪽 / 13,000원

애완견114
황양원 엮음 / 4×6배판 변형 / 228쪽 / 13,000원

건강을 위한 **웰빙 걷기**
이강옥 지음 / 대국전판 / 280쪽 / 10,000원

우리 땅 우리 문화가 살아 숨쉬는 **옛터**
이형권 지음 / 대국전판 올컬러 / 208쪽 / 9,500원

아름다운 산사
이형권 지음 / 대국전판 올컬러 / 208쪽 / 9,500원

골프 100타 깨기
김준모 지음 / 4×6배판 변형 / 136쪽 / 10,000원

쉽고 즐겁게! 신나게! 배우는 **재즈댄스**
최재선 지음 / 4×6배판 변형 / 200쪽 / 12,000원

맛과 멋이 있는 낭만의 **카페**
박성찬 지음 / 대국전판 올컬러 / 168쪽 / 9,900원

한국의 숨어 있는 아름다운 **풍경**
이종원 지음 / 대국전판 올컬러 / 208쪽 / 9,900원

사람이 있고 자연이 있는 아름다운 **명산**
박기성 지음 / 대국전판 올컬러 / 176쪽 / 12,000원

마음의 고향을 찾아가는 여행 **포구**
김인자 지음 / 대국전판 올컬러 / 224쪽 / 14,000원

골프 90타 깨기
김광섭 지음 / 4×6배판 변형 / 148쪽 / 11,000원

생명이 살아 숨쉬는 한국의 아름다운 **강**
민병준 지음 / 대국전판 올컬러 / 168쪽 / 12,000원

틈나는 대로 **세계여행**
김재관 지음 / 4×6배판 변형 올컬러 / 368쪽 / 20,000원

KLPGA **최여진 프로의 센스 골프**
최여진 지음 / 4×6배판 변형 올컬러 / 192쪽 / 13,900원

해양스포츠 카이트보딩
김남용 편저 / 신국판 올컬러 / 152쪽 / 18,000원

KTPGA **김준모 프로의 파워 골프**
김준모 지음 / 4×6배판 변형 올컬러 / 192쪽 / 13,900원

골프 80타 깨기
오태훈 지음 / 4×6배판 변형 / 132쪽 / 10,000원

신나는 골프 세상
유응열 지음 / 4×6배판 변형 올컬러 / 232쪽 / 16,000원

풍경 속을 걷는 즐거움 **명상 산책**
김인자 지음 / 대국전판 올컬러 / 224쪽 / 14,000원

이신 프로의 **더 퍼펙트**
이신 지음 / 국배판 / 336쪽 / 28,000원

주니어출신 박영진 프로의 **주니어골프**
박영진 지음 / 4×6배판 변형 올컬러 / 164쪽 / 11,000원

골프손자병법
유응열 지음 / 4×6배판 변형 올컬러 / 212쪽 / 16,000원

여성실용

결혼준비, 이제 놀이가 된다
김창규 · 김수경 · 김정철 지음 / 4×6배판 변형 올컬러 / 230쪽 / 13,000원

25·35 꼼꼼 여성 재테크

2007년 7월 5일 제1판 1쇄 발행
2007년 9월 5일 제1판 2쇄 발행

지은이/정원훈
펴낸이/강선희
펴낸곳/가림출판사

등록/1992. 10. 6. 제4-191호
주소/서울시 광진구 구의동 57-71 부원빌딩 4층
대표전화/458-6451   팩스/458-6450
홈페이지/ www.galim.co.kr
전자우편/galim@galim.co.kr

값 11,000원

ⓒ 정원훈, 2007

저자와의 협의하에 인지를 생략합니다.

ISBN 978-89-7895-270-5 13320